Dieses Buch gehört:

_____

Sornen 46/3

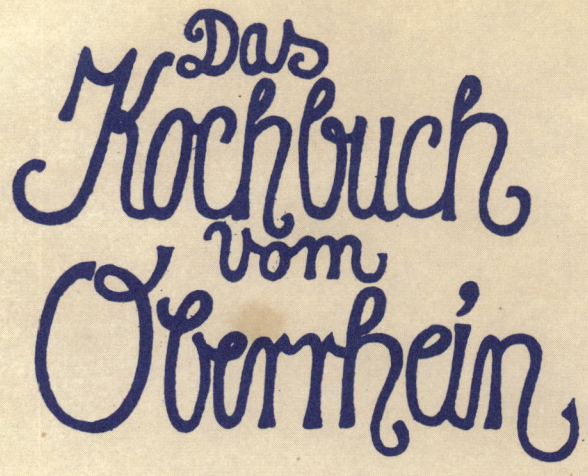

Das Kochbuch vom Oberrhein

gesammelt, aufgeschrieben und ausprobiert von
Hans Karl Adam

mit einem Vorwort von
Dr. Siegfried Büche

verlegt von
Wolfgang Hölker

ISBN 3-9800058-8-7
© copyright 1975 by Verlagsteam Wolfgang Hölker,
D - 44 Münster, Martinistraße 2
Alle Rechte vorbehalten
Printed in Germany
Imprimé en Allemagne
Gesamtherstellung: Druck + Buch Cramer, Greven

Inhalt

fig . 1   **Suppen**   12–15

fig . 2   **Suppeneinlagen**   18–21

fig . 3   **Vesper**   24–27

fig . 4   **Fisch**   30–35

fig . 5   **Fleischgerichte**   38–45

fig . 6   **Wild, Geflügel**   48–54

fig . 7   **Eintöpfe**   58–61

fig . 8   **Salate**   64–68

fig . 9   **Nudeln, Gemüse, Beilagen**   72–77

fig . 10 **Kompotte,**
          eingelegte, eingekochte Früchte   80–82

fig . 11 **Leckerbissen aus der Schweiz**   86–88

fig . 12 **Leckerbissen aus dem Elsass**   92–99

fig . 13 **Marmeladen – Gelees**   104–106

fig . 14 **Desserts**   110–114

fig . 15 **Kuchen – Gebäck**   118–122

fig . 16 **Echte Basler Leckerli**   126–130

fig . 17 **Getränke**   134–137

5

Zu unserem Kochbuch
vom Oberrhein

Wer kochen kann, lebt glücklicher!

Seit mehr als 20 Jahren sind unsere Zungen von den unterschiedlichsten Geschmacksrichtungen, süß und sauer, überscharf und fad, verwirrt worden. In einem Dorfgasthaus bekam man eher »Nasi goreng« als ein Stück Bauernbrot. Unsere Zunge hatte verlernt, Echtes vom Unechten zu unterscheiden.

Plötzlich sehnte man sich wieder nach herzhafter, einfacher, natürlicher und gesunder Kost. Zuerst fragte man nach kernigem Bauernbrot. Denn Brot ist immer noch die Grundlage unserer Ernährung. Wer es gelernt hat, schwere Brotsorten mit Roggenmehl und Sauerteig von leichten mit Weizenmehl und Hefe gebacken, vom Fabrikbrot zu unterscheiden, kann sich einer Brotzunge, einer guten Zunge, unerläßlich für die gute Küche, rühmen.

Die Brotlektion war nur die erste. Sie machte aber hellhörig für Rezepte aus Großmutters Kochbuch. Glücklich, wer ein handgeschriebenes erbte. Man blätterte die vergilbten, oft mit Fettspritzern geschmückten Seiten (weil beim Kochen benutzt) durch und die ausgeglichene Ruhe der Handschrift steckte an. Die kurzen Rezeptnamen verblüfften: Grünkernsuppe, Schweinebraten oder Butterschokolade. Beim Weiterlesen der Zutaten lief einem das Wasser im Munde zusammen, ungeduldig wartend, ein Rezept zuzubereiten. Da las man, wie man Pfannkuchen goldbraun mit Butter backt und wie man dazu frisches Apfelkompott von den ersten Äpfeln des Jahres selbst kochen kann und stellte fest: alle Zutaten sind im Hause. Wir freuten uns darüber und erkannten den Sinn im alten Sprichwort wieder: »Eigener Herd ist Goldes wert!« Das Ergebnis überraschte. Die Pfannkuchen schmolzen auf der Zunge wie Schneeflocken,

6

und das Apfelkompott erfrischte, weil schwach gezuckert, um den gottgegebenen Geschmack zu erhalten. Begeistert bestätigten Familie und Freunde:

Einfachheit beglückt!

Glückliche aber ruhen nicht eher, bis sie andere ebenso glücklich machten. Das ist der Grund für das Kochbuch vom Oberrhein, es beglückt und soll beglücken.

Dank der großzügigen Hilfe von Herrn Dr. Büche verfügten wir über das handgeschriebene Rezeptbuch seiner Mutter, einer tüchtigen Köchin, der man es glaubt, und wie ihre Nachkommen bestätigen, daß sie mit Lust und Liebe gekocht und gebacken hat, getreu dem Grundsatz: »Essen und Trinken hält Leib und Seele zusammen!« Aus diesem Buch konnten wir die besten Rezepte auswählen und probieren. Ergänzt wurden sie mit solchen, die von Bauersfrauen, Köchinnen und Köchen aus der Freiburger Gegend stammen.

Unser Rezeptreigen vom Oberrhein wäre unvollständig, hätten wir nicht auch einige aus den herzhaften Küchen der Nordschweiz, der Basler Gegend und vom Elsaß hinzugefügt.

Wer nun das Kochbuch vom Oberrhein zum erstenmal überfliegt, soll sich nicht durch die blumenlosen Überschriften entmutigen lassen. Eine Schallplatte kann man auch erst dann beurteilen, wenn man sie gehört hat. Fangen Sie einfach an und bereiten Sie sich bald einmal die Kartoffelsuppe, s. S. 14, den Hahn in Riesling mit selbstgemachten Nudeln, s. S. 97, zu und beschließen Sie die Mahlzeit mit Apfelschnee, s. S.112. Dann werden Sie mit der Zunge schnalzen, sich rundherum wohlfühlen und das Bäuchlein klopfen wie die Kinder. Sie entdeckten außerdem das Geheimnis der Küche vom Oberrhein: frische Zutaten, gute Butter, das Natürliche betonende, seit Generationen bewährte Rezepte bringen wohlschmeckende, herzhafte und bekömmliche Mahlzeiten auf den Tisch. Jetzt versteht man, daß eine solche Landschaft der Welt drei Kochgenies schenkte, die ihren bleibenden Platz bereits in dem goldenen Buch der internationalen Gastronomie fanden: Horcher, Walterspiel und Lacroix.

7

Zurück zu unserem Kochbuch vom Oberrhein. Allein das Lesen soll unterhalten, das kundige Einkaufen der Zutaten erfreuen, ihre Zubereitung Spaß machen und das Zusammenstellen gesunder Mahlzeiten, vor allem für einen geselligen Kreis heiterer Gäste, Vergnügen machen. Wenn die Frau des Hauses kocht und backt, kümmert sich der Hausherr um die zu den einzelnen Gerichten passenden Weine, von denen die Auswahl am Oberrhein wahrlich groß genug ist, und von denen Kenner sagen: »Bei uns lebt Gott im Wein mit uns!« Zum abschließenden heißen, starken Kaffee darf als Krönung der Mahlzeit das richtig gekühlte Schwarzwälder Kirschwasser nicht fehlen.

Aus dem dankenden, herzlichen Gästelob hört man schon die verständliche Frage:

>>Wann gibt es wieder was aus unserem Kochbuch
vom Oberrhein?«

8

Zum Geleit

Wenn ein Küchenmeister einen Zahnarzt um ein Geleitwort zu einem Kochbuch bittet, dann könnte man den Verdacht hegen, er habe es getan, weil man halt zum Essen gesundes Kauwerkzeug gebraucht.

Hier lag der Fall anders, zwei Liebhaber und Kenner der Küche am Oberrhein sind sich begegnet, haben Gedanken und Erfahrungen ausgetauscht, haben gemeinsam geprüft und aus Großmutters Kochbüchern ausgewählt, was gut und besonders ist.

Wer seit Jahrzehnten in den Restaurants und Beizen der drei Länder am Oberrhein, die die alemannische „Regio" bilden, so zu Hause ist, daß daraus sogar ein Buch, das Reisebrevier „Paradies am Oberrhein" entstand, den freut es, wenn seinem Buch hier eine Ergänzung erfährt, die gleichfalls für Einheimische wie für Fremde ein Loblied auf dieses urwüchsige Land zwischen Schwarzwald, Vogesen und Jura singt, auf die Weine dieses Gebietes und auf seine unverfälschte, gesunde und in seiner Einfachheit raffinierte Küche.

So wünsche ich dem „Kochbuch vom Oberrhein" viele Freunde, Nachkocher und Nachschmecker.

Freiburg, im Oktober 1975

Dr. Siegfried Büche

9

Geröstete Grießsuppe

Zutaten (für 4 Personen): 80 g Butter, 125 g Grieß, 1 l Fleischbrühe, 2 Eigelb, vermischt mit 4 Eßl. süßem Rahm, Salz – Muskat.

Zubereitung: In heißer Butter den Grieß goldgelb rösten, mit Fleischbrühe auffüllen und sachte kochen lassen, bis der Grieß ausgequollen ist. Die Suppe würzen, mit Eigelbrahm vermischen und mit Schnittlauch bestreuen.

Geröstete Brotsuppe

Zutaten (für 4 Personen): 200 g Weißbrot oder Wecken in dünnen Scheiben, 1 l Fleischbrühe, 3 Eßl. Schnittlauch, fein geschnitten.

Zubereitung: Weißbrotschnitten auf dem Backblech in der heißen Backröhre goldgelb rösten, in warme Schüssel geben und mit kochender Fleischbrühe übergießen. Schnittlauch darüberstreuen.

Permadensuppe

Zutaten (für 4 Personen): 2 Brötchen, in kleine Würfel geschnitten, 60 g Butter, 2 Eier aufgeschlagen.

Zubereitung: Die Brötchenwürfel in Butter goldbraun rösten. Die Eier darübergießen, etwas anbacken und in die warme Suppenterrine schütten. Heiße Fleischbrühe darübergießen. Auf die Suppe frisch gehackte Petersilie streuen.

Hühnersuppe *Huhn vom Markt.*

Zutaten (für 4–6 Personen): 1 Suppenhuhn, küchenfertig, frisch, nicht aus der Tierfkühltruhe, in Stücke zerlegt, 3 Eßl. gelbe Rübenscheiben, 3 Eßl. Lauchstreifen, 3 Eßl. Sellerieknollenscheiben, Salz, 2½ l Wasser.
Zur Suppenbindung: 70 g Butter, 3 Eßl. Mehl.
3 Eigelb, vermischt mit ⅛ l süßem Rahm, ⅛ l Weißwein, Salz – Muskat – frische, gehackte Petersilie.

12

Zubereitung: Hühnerstücke in leicht gesalzenem Wasser mit dem Wurzelwerk langsam weich kochen. Wenn das Fleisch weich ist, Brust- und Keulenfleisch klein würfeln, alles übrige Fleisch, von den Knochen gelöst, fein wiegen.

In Butter das Mehl anschwitzen, das gewiegte Fleisch dazugeben und 5 Minuten mitdünsten. Mit $1/8$ l kaltem Wasser ablöschen, mit Schneebesen glattrühren. Dann die durchgesiebte Hühnerbrühe auffüllen, aufkochen und die Hühnerfleischwürfel hineingeben. Suppe mit Eigelbsahne verrühren, mit Weißwein vermischen und würzen. Auf die fertige Suppe Butterflocken verteilen und frisch gehackte Petersilie darüberstreuen.

Reissuppe

Zutaten (für 4 Personen): 100 g Reis, 20 g Butter, $1/2$ l Wasser, $1/2$ l Fleischbrühe, Salz – Muskat, 2 Eigelb, vermischt mit $1/8$ l süßem Rahm.

Zubereitung: Reis mit Butter, wenig Salz und dem kalten Wasser 10 Minuten langsam kochen. Heiße Fleischbrühe dazugießen, umrühren und nochmals 10 Minuten ruhig kochen, bis der Reis weich ist. Suppe mit Eigelbrahm vermischen, würzen und auf jeden gefüllten Teller frisch gehackte Petersilie streuen und ein Stückchen Butter daraufsetzen.

Grünkernsuppe

Zutaten (für 4 Personen): 30 g Butter, 50 g Grünkernmehl (im Reformhaus zu bekommen), 1 l Fleischbrühe, 2 Eigelb, verrührt mit $1/8$ l süßem Rahm, Salz – Muskatnuß.

Zubereitung: In Butter das Grünkernmehl anrösten, mit Fleischbrühe auffüllen und sachte 15 Minuten kochen. Mit Eigelbsahne vermischen, vom Feuer nehmen, würzen und abschmecken. Mit gehackter Petersilie bestreuen.

13

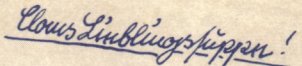

Kartoffelsuppe

Zutaten (für 4—8 Personen): 1 kg Kartoffeln, geschält und gewürfelt, 4 Eßl. Karottenscheiben, 4 Eßl. Lauchstreifen, 4 Eßl. Sellerieknollenstreifen, 4 Eßl. Zwiebelstreifen, 1 1/2 l Wasser, Salz — Muskat — weißer Pfeffer, 20 g Butter, 4 Eßl. Zwiebelwürfel, 3 Eßl. Mehl, 4 Eßl. süßen Rahm, 8 Eßl. Weckwürfel, in Butter geröstet.

Zubereitung: Im Wasser die Kartoffeln mit den Gemüsezutaten und etwas Salz langsam weich kochen und dann alles durch ein Sieb drücken.

In der heißen Butter die Zwiebelwürfel hell anbraten, Mehl dazurühren und mit 4 Eßl. kaltem Wasser ablöschen. Glatt rühren und die durchpassierte Kartoffelsuppe dazurühren. Mit Rahm vermischen, würzen und die angerösteten Weckwürfel über die Suppe verteilen. Frisch gewiegte Petersilie über die fertige Suppe streuen.

Zur Abwechslung kann man Bratwurstscheiben oder angeröstete Speckwürfel in die Suppe geben.

Durchgetriebene Gemüsesuppe

Zutaten (für 4—6 Personen): 8 Eßl. Lauchstreifen, 8 Eßl. gelbe Rübenscheiben, 8 Eßl. Wirsingstreifen, 8 Eßl. Schwarzwurzelstücke, 8 Eßl. Kohlrabistreifen, 12 Eßl. Kartoffelscheiben, 1 1/2 l Wasser, Salz.
Zur Bindung: 70 g Butter, 4 Eßl. Zwiebelwürfel, 3 Eßl. Mehl.
4 Eßl. süßen Rahm, Salz — weißer Pfeffer — Muskat, Weckwürfel, in Butter goldgelb angeröstet.

Zubereitung: Im leicht gesalzenen Wasser alle Gemüse- und Kartoffelscheiben sehr weich kochen, dann durch ein Sieb passieren.

Zur Bindung in der heißen Butter die Zwiebelwürfel mit dem Mehl anschwitzen, mit 1/2 Tasse kaltem Wasser ablöschen und mit dem Schneebesen glattrühren. Die durchpassierte Gemüsesuppe darübergießen, umrühren, mit Rahm vermischen und würzen. Auf die fertige Suppe geröstete Weckwürfel streuen und frisch gehackte Petersilie.

fig. 2

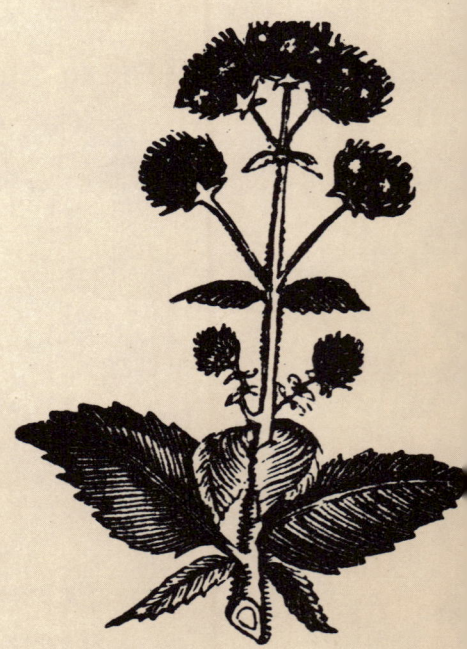

Grießklößchen

Zutaten: ¹/₂ l Milch, 50 g Butter, 100 g Grieß, Salz – weißer Pfeffer, 1 Ei.

Zubereitung: Milch mit Salz, Pfeffer und Butter kochen, den Grieß langsam hineinlaufen lassen, dabei rühren, bis er auf kleinem Feuer dick geworden ist. Masse etwas auskühlen lassen, dann das Ei hineinrühren. Mit 2 Kaffeelöffeln formt man die Masse zu kleinen, länglichen Klößchen und legt sie in kochendes, leicht gesalzenes Wasser. Wenn sie oben schwimmen, sind sie fertig. In jeden warmen Suppenteller einige Grießklößchen legen, klare Fleischbrühe darüberschöpfen und frisch gehackte Petersilie darauf verteilen.

Biskuitsuppe

Zutaten (für 4 Personen): 30 g Butter, 1 Prise Salz, 2 Eigelb – 2 Eiweiß, 50 g gesiebtes Mehl, 1 Messerspitze Backpulver.

Zubereitung: Butter schaumig rühren, mit Salz, Eigelb und Mehl vermischen. Eiweiß zu festem Schnee schlagen und darunterziehen. Masse in gebuttertes, mit Weckmehl ausgestreutes Kapselblech füllen und bei 200° dunkelbraun backen. Erkaltet in kleine Würfel schneiden, klare Fleischbrühe darüberschöpfen und die fertige Suppe mit frisch gehackter Petersilie bestreuen.

Flädchensuppe

Zutaten zum Flädchenteig: 6 Eßl. Mehl, 1 Prise Salz, ¹/₈ l Milch, 3 Eier.

Zubereitung: Mehl in die Milch rühren, etwas salzen und die Eier hineinschlagen. Aus dem Teig mit wenig Butter dünne Flädchen backen, zusammenrollen und in feine Streifen schneiden. Aufschütteln und heiße Fleischbrühe darübergießen. Schnittlauch oder gewiegte Petersilie daraufstreuen.

Nudelsuppe von selbstgemachten Nudeln

Nudeln: 250 g Mehl, 3 Eier.

Zubereitung: Mehl und Eier zum Teig kneten. 4 Teile aus dem Teig schneiden und jeden mit etwas Mehl so dünn wie möglich ausrollen. Sind alle Teile ausgerollt, rollt man den ersten zusammen und schneidet ihn in dünne Streifen, die man 5 Minuten im Salzwasser aufkocht. Fertige Nudeln kalt absprühen und in heiße, abgeschmeckte Fleischbrühe geben. Schnittlauch oder Petersilie darüberstreuen.

Markklößchen

Zutaten: 125 g Rindermark, gewässert, klein geschnitten, 20 g Butter, 1 Eßl. feine Zwiebelwürfel, 1 Teelöffel Petersilie, gewiegt, beides angedämpft in wenig Butter, 1 Ei, Muskat, 1 Eßl. Mehl, 3 Eßl. Weckmehl.

Zubereitung: Mark auslassen, durch ein Sieb gießen und mit der Butter glattrühren. Zwiebelpetersilie, Gewürze, Ei, Mehl und Weckmehl dazurühren. Ein Probeklößchen formen und ins kochende Salzwasser legen. Wenn die Klößchen oben schwimmen, sind sie fertig.

Markklößchen schmecken in Fleischbrühe und Grünkernsuppe sehr gut.

Eierstich

Damit habe ich immer Schwierigkeiten!

Zutaten (für 4 Personen): 3 Eier, 1/8 l Milch, Salz – Muskat, frisch gehackte Petersilie.

Zubereitung: Die Eier aufschlagen, mit Milch verrühren und würzen. Die Masse in eine gebutterte Form füllen und im heißen Wasserbad poschieren. Den kalten Eierstich in kleine Würfel schneiden und als Einlage in heiße Hühner- oder Fleischbrühe geben. Mit gehackter Petersilie bestreuen.

19

Am Mittwoch kochen

Leberklößchen

Zutaten: 50 g Rinds-, Kalbs- oder Schweineleber, fein gemahlen (fertig beim Metzger zu kaufen), 20 g fetten Speck, auch fein durchgedreht, 2 Eßl. Zwiebelwürfel, fein, 1 Ei, Salz – Muskat – weißer Pfeffer – wenig Majoran, 4 Eßl. Semmelmehl.

Zubereitung: Zwiebeln mit dem Speck leicht anbraten und zu der Leber mit den Gewürzen geben. Ei und Semmelmehl dazumischen. Aus dem Teig mit einem Kaffeelöffel kleine Klößchen formen und in kochendes Salzwasser legen. Einmal aufkochen, 10 Minuten ziehen lassen. Wenn die Klößchen oben schwimmen, sind sie fertig.

Falsche Erbsensuppe

Zutaten: 100 g Mehl, 1 Ei, 1 Prise Salz, 1 Teel. Öl, 1/8 l Milch.

Zubereitung: In die Milch das Mehl rühren, Ei, Salz und Öl zufügen. Es muß ein dickflüssiger Teig sein. Durch ein mittelgroßlöchriges Sieb den Teig ins heiße Fett tropfen lassen und goldgelb backen. Mit Schaumlöffel die fertigen falschen Erbsen aus dem Fett heben, abtropfen lassen und auf heiße Fleischbrühe setzen. Schnittlauch darüberstreuen.

Schnittlauch aus dem Garten!

Riebele oder Eiergerste

Zutaten (für 4 Personen): 2 Eier, 1 Eigelb, 150 g Mehl, Salz, 1 l Fleischbrühe.

Zubereitung: Man mengt unter die Eier das Salz und Mehl, bis es ein fester, strammer, ziemlich trockener Teig wird. Diesen auf einem Reibeisen durchreiben auf ein Papier, die Riebele trocknen lassen (etwa 20 Minuten). Dann die Riebele in der sachte kochenden Fleischbrühe weich kochen, Dauer etwa 5 Minuten. Auf die fertige Suppe fein geschnittenen Schnittlauch streuen.

20

Brätknödel

Zutaten (für 4 Personen): 250 g Kalbfleisch, durch die feinste Scheibe des Wolfes gedreht, 40 g Butter, 3 Eier, 150 g Mutschelmehl oder Semmelbrösel, Salz – weißer Pfeffer – Muskat – abgeriebene Zitronenschale von unbehandelter Zitrone, gehackte Petersilie, 1 l Wasser, leicht gesalzen, oder Fleischbrühe.

Zubereitung: Aufgeschlagene Eier mit Butter und Semmelbröseln vermischen und 10 Minuten ruhen lassen. Dann mit Gewürzen, Petersilie und Kalbfleisch durchmischen. Aus dem Teig Klößchen formen, Durchmesser wie 1-Pfennig-Stück, und ins sachte kochende Wasser legen. Einmal aufkochen und 5 Minuten zugedeckt ziehen lassen. Wenn sie oben schwimmen, sind sie fertig.

Hochzeitssuppe mit Kalbfleischklößchen

Zutaten (für 4 Personen): 250 g Kalbfleisch, 100 g Ochsenmark, gewässert, damit es weiß wird, 2 Eier, Salz – Muskat – weißer Pfeffer, 2 Eßl. gehackte Petersilie.

Zubereitung: Fleisch mit Ochsenmark durch die feine Scheibe des Wolfes drehen, mit Eiern und Gewürzen vermischen und aus diesem Teig mit dem Kaffeelöffel Klößchen formen und in Fleischbrühe kochen. Wenn sie oben schwimmen, vom Feuer nehmen und 10 Minuten ziehen lassen. In die warmen Suppenteller möglichst viele Klößchen geben, mit wenig Brühe auffüllen und mit Petersilie bestreuen.

fig · 3

Vesper (Z'nüni Z'vieri)

Sulz (Kutteln)

Zutaten (für 4 Personen): 600 g Kutteln (Rinder-magen), weich gekocht, in dünnen Streifen, 4 Schöp-fer braune Sauce, Jus, 1—4 Eßl. Apfelessig, Salz — weißer Pfeffer.

Zubereitung: Über die heißen Kutteln gießt man etwas Apfel-essig und die heiße Jus (ungebundene braune Sauce).

Saure Leberle

Zutaten (für 4 Personen): 40 g Fett, 6 Eßl. Zwiebel-würfel, 600 g Kalbsleber, ohne Haut, in kleinen Würfeln oder Streifen, 20 g Butter, 3 Eßl. Mehl, $^1/_8$ l Fleischbrühe, 3 Eßl. Weißwein oder Weinessig, Salz — Pfeffer, 4 Eßl. sauren Rahm.

Zubereitung: Im heißen Fett die Zwiebeln kurz anbraten und die Leber dazugeben. Schwenkend 4 Minuten anbraten, dann die Leber auf eine warme Platte schütten und warm stellen. In der Pfanne die Butter zergehen lassen, Mehl dazustreuen, um-rühren und Fleischbrühe auffüllen. Aufkochen, glattrühren, Weißwein hineinrühren, würzen und Rahm dazumischen. Leber wieder in die Sauce schütten, einmal aufkochen und anrichten.

Für Clous mit viel Zwiebeln!

Geröstete Leber ohne Sauce

Die angebratene Leber nach 5 Minuten Bratzeit würzen, je nach Wunsch etwas Weinessig oder Weißwein darüberspritzen und anrichten.

Saure Nierle

Schweinsnieren, in Scheiben geschnitten, genauso zubereiten wie saure Leberle.

24

Wurstsalat

Zutaten (für 4 Personen): 600 g Schwartenmagen, rosa (von gepökeltem Fleisch), in dünnen Scheiben, ohne Haut, in fingerbreiten Streifen, 100 g Zwiebelscheiben, 100 g Scheiben saure Gurke, Salz – weißer Pfeffer – 1 Prise Zucker, 6 Eßl. Kräuteressig, 8 Eßl. Öl, Salatblätter – Tomatenscheiben, 1 Eßl. gehackte Petersilie, Brotkorb mit Brötchen und verschiedenen Brotsorten, 70 g Butter.

Zubereitung: Wurststreifen in einer Schüssel mischen mit den Zwiebel- und Gurkenscheiben, würzen und Essig und Öl dazugeben. Auf eine runde Platte Salatblätter verteilen, das Wurstgemisch hügelig anrichten, mit Tomatenscheiben umlegen und mit Petersilie bestreuen.

Kalte gefüllte Eier

Für's kalte Büffet!

Zutaten (für 4 Personen): 10 Eier, ca. 10 Minuten gekocht, kalt abgeschreckt, geschält, 3 Eßl. sauren Rahm, 100 g gekochten, mageren Schinken, fein gewiegt, Salz – Pfeffer – Zitronensaft, 1 Messerspitze Senf, Kapern – Sardellenstreifen.

Zubereitung: Die gekochten, geschälten Eier der Länge nach durchschneiden. Das Eigelb herausnehmen und durch ein feines Sieb drücken. Eigelb mit Rahm, Schinken, Gewürzen und Senf vermischen. Platte mit Salatblättern auslegen, die Eihälften daraufsetzen. Die Löcher etwas salzen und mit Eigelbmischung durch einen Spritzbeutel mit Lochtülle füllen. 2 Sardellenstreifen über die Füllung kreuzen und Kapern darüberstreuen. Die Platte mit Tomatenecken und krauser Petersilie schmücken.

Heringe in Rahmsauce

Kochvefrühstück!

Zutaten (für 4 Personen): 12 gewässerte Heringsfilets, abgetrocknet, ³/₈ l sauren Rahm, 4 Eßl. Zwiebelringe, 1 Prise Zucker – 1 Spur Senf.

Zubereitung: In den sauren Rahm rührt man die Gewürze, sie dürfen nur unterstreichen, aber nicht vorschmecken, gibt die Zwiebelringe dazu und bedeckt damit die Heringsfilets in dem Tontopf. Sie sollten mindestens eine Nacht, besser zwei, kühl stehend durchziehen.

Gervais

Zutaten: pro Carree 20 g Butter, 3 Eßl. feine Zwiebelwürfel, Salz – weißer Pfeffer – Kümmel– Schnittlauch.

Zubereitung: Man mischt den Gervais mit Salz und Butter und streut sich dann je nach persönlichem Geschmack weißen Pfeffer, Kümmel, Zwiebeln oder Schnittlauch darüber.

Liptauer, wie man ihn hier liebt

Zutaten (für 4 Personen): 100 g geriebener Schweizer Käse, 100 g geriebener Holländer Käse, 100 g Weißkäse oder Bibeliskäs, 50 g Butter, 3 Eßl. dicken sauren Rahm.

Zubereitung: Alle Zutaten miteinander vermischen und edelsüßen ungarischen Paprika und fein geschnittenen Schnittlauch darüberstreuen.

Für Vorti mit viel Kartoffeln

Bibeliskäs

Zutaten (für 4 Personen): 500 g Bibeliskäs (Quark oder Weißkäse), Salz, $\frac{1}{8}$ l dicker saurer Rahm, Kümmel – fein geschnittene Zwiebeln, wenig Pfeffer – fein geschnittener Schnittlauch, je nach Wunsch.

Zubereitung: Alles miteinander vermischen.

Dazu entweder Pellkartoffeln »Gschwollene« oder Bauernbrot.

Renchtaler Frischkäse

Man streut sich gerne etwas Kümmel oder frischen Schnittlauch über den Käse, der am besten mit holzofengebackenem Bauernbrot schmeckt.

Zieger-Käse

Zutaten: 100 g geriebener Kräuterkäse, 80 g Butter.

Zubereitung: Kräuterkäse mit der Butter vermischen und Petersilie oder Schnittlauch darüberstreuen.
Man knabbert zu diesen Käsesorten gern die knusprigen kleinen Brezeln von Baader, die in Kandern gebacken werden.

Brezeln besorgen

fig. 4

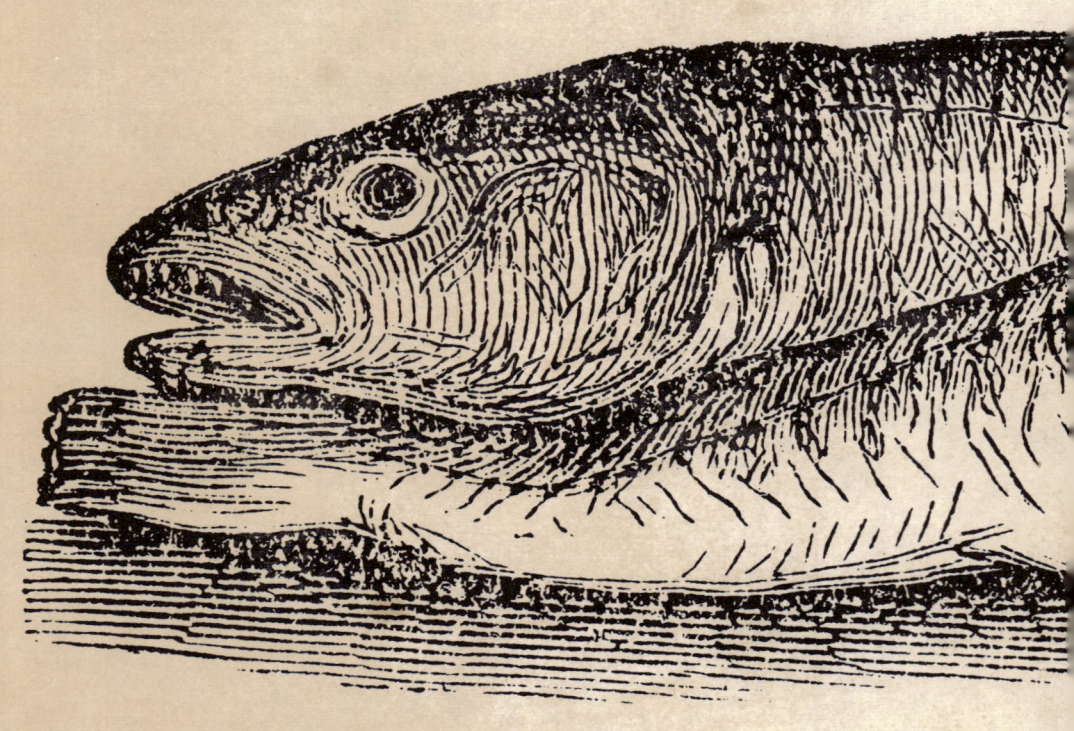

Fisch

Dünstu macht dem Kartoffelsalat dazu!

Forelle »Schöne Müllerin«

Zutaten (für 4 Personen): 4 frische Forellen, etwas Mehl, 1 Eßl. Öl zum Braten, 4 Eßl. Butter zum Nachbraten, 1 Zitronensaft, 1 Eßl. gehackte Petersilie, 1 Eßl. Worcestersauce.

Zubereitung: Die Forellen sauber waschen, auf ein Brett legen, auf beiden Seiten schräg einschneiden bis zur Hauptgräte, damit sie rascher garen. Würzen mit Salz und Zitronensaft, auch innen. In Mehl wenden, so daß beide Seiten mit Mehl bedeckt sind. Im heißen Öl die Fische auf jeder Seite ca. 5 Minuten vorsichtig braten. Durch das Mehl ist die Gefahr des Dunkelwerdens gegeben, deshalb bitte nicht von der Pfanne gehen. Ab und zu die Fische in der Pfanne mit dem heißen Öl übergießen. Die Pfanne muß so groß sein, daß sich die Fische bequem unterbringen lassen, andernfalls nur 2 Stück auf einmal braten. Wenn sich das Forellenfleisch von der Gräte leicht lösen läßt, ist es gar. Das Öl in einen kleinen Topf durch ein Haarsieb abgießen. Die Butter dazugeben und die Forellen im Butterschaum drehen.

Die Fische auf eine heiße Platte legen. Zitronensaft und Worcestersauce daraufträufeln und die schäumende Butter zischend darübergeben. Die gehackte Petersilie über die Forellen verteilen. Mit Zitronenecken und Salatblättern garnieren.

Beilage: Warmer Kartoffelsalat mit etwas Mayonnaise oder Salzkartoffeln.

Getränk: Stich der Buben (Badener in Bocksbeutel).

Kam kann auch halb Wein halb Wasser nehmen!

Schwarzwälder Bachforelle blau

Zutaten (für 4 Personen): 4 Forellen à 300 g oder 8 Forellen à 200 g, 2 l Wasser, 1 Eßl. Salz, 5 Eßl. Weinessig.

Zubereitung: Wasser mit den Gewürzen 3 Minuten kochen. Die frischen, geputzten Forellen mit dem Kopf zuerst in das kochende Wasser legen, einmal aufkochen, dann im offenen Topf noch 15 Minuten ziehen lassen. Wenn die Kopfflosse leicht herauszuziehen ist, sind sie gar. Die Forellen mit Schaumkelle herausheben, abtropfen lassen und auf warmer Platte anrichten oder aber im Sud zu Tisch bringen, damit sie heiß bleiben, vor allem wenn pro Kopf 2 Forellen vorgesehen sind.

Forelle schmeckt am besten, wenn soviel wie möglich vom eigenen Geschmack erhalten bleibt.

Zerlassene Butter dazu reichen, sie muß auf einem Öfchen stehen, damit sie gar bleibt. Weiter frische, gerade abgegossene Salzkartoffeln dazu, mit Butter abgeschmälzt und mit frisch gewiegter Petersilie bestreut.

Spritzigen Riesling dazu trinken.

Bodenseefelchen »Müllerin«

Zutaten (für 4 Personen): 30 g Fett, 50 g Butter, 4 Blaufelchen à 250 g, bratfertig, beiderseitig quer bis auf die Mittelgräte zweimal eingeschnitten, Salz – weißer Pfeffer – Zitronensaft – Worcestershiresauce, Mehl zum Bestäuben.

Zubereitung: Die bratfertigen Felchen innen und außen würzen, in Mehl drehen und sachte beiderseitig goldgelb braten, je Seite ca. 6 Minuten. Dann Fett durch ein Sieb abgießen und die Butter dazugeben. Langsam die Felchen im Butterschaum drehen. Die fertigen Fische auf warmer Platte anrichten, mit Zitronensaft beträufeln, mit Worcestershiresauce würzen und die schäumende Butter darüberzischen.

Beilage: Kartoffelsalat mit Kopf- und Tomatensalat oder Butterkartöffelchen, mit gehackter Petersilie bestreut.

Getränk: Weißherbst.

Rheinaal blau im Wurzelsud

Zutaten (für 4 Personen): 8 Stücke à 200 g küchen-fertigen Rheinaal,.
Sud: ½ l Sylvaner, ½ l Wasser, 5 Eßl. Weinessig,
Salz – 1 Lorbeerblatt – 3 Nelken – 5 Pfefferkörner,
4 Eßl. Zwiebelscheiben, 4 Eßl. Karottenscheiben, 4
Eßl. Sellerieknollenscheiben, 4 Eßl. Lauchstreifen.

Zubereitung: Wein, Wasser, Essig und alle Gewürze mit Ge-müse 10 Minuten sachte kochen. Dann erst Aalstücke hinein-legen, einmal aufkochen, 5 Minuten sachte kochen, dann zuge-deckt nur noch 15 Minuten ziehen lassen. Das Fleisch muß weich sein, darf aber nicht zerfallen.

Beilage: Salzkartoffeln und Gurkensalat in Dillsahne.

Getränk: Sylvaner.

Hecht in Dillsauce

Zutaten (für 4 Personen): 1000 g küchenfertiger
Hecht, Salz – Zitronensaft.
Dillsauce: 40 g Butter, 50 g Weizenmehl, ½ l
Fleischbrühe, Salz, 1 Eßl. Dill, feingehackt.

Zubereitung: Fisch waschen, abtrocknen, in Portionsstücke schneiden, mit Zitronensaft beträufeln, etwa ½ Stunde stehen-lassen, wieder abtrocknen und salzen.

Für die Sauce das Fett in einem Topf zerlassen. Das Mehl unter ständigem Rühren so lange darin erhitzen, bis es hellgelb ist. Damit keine Klumpen entstehen, die Brühe nach und nach hin-zugeben und mit dem Schneebesen durchschlagen. Die Sauce zum Kochen bringen, die Fischstücke in die kochende Sauce legen und bei kleiner Flamme zunächst 10 Minuten ziehen las-sen, dann den Topf von der Kochstelle nehmen und den Fisch noch ein wenig ziehen lassen. Die Sauce mit Salz abschmecken und kurz vor dem Anrichten den Dill hinzufügen.

Beilage: Salzkartoffeln und Kopfsalat.

Getränk: Müller-Thurgau.

Hechtfilets in Rahm

Zutaten (für 4 Personen): 40 g Butter, 6 Eßl. Zwiebelwürfel, ¹/₄ l Riesling, 8 Hechtfiletstücke à 100 g, mit Speck gespickt, Salz – weißer Pfeffer – Zitronensaft, ¹/₄ l saurer Rahm, Butterflocken.

Zubereitung: In heißer Butter die Zwiebelwürfel andünsten, nach 5 Minuten mit Riesling ablöschen und die gewürzten Hechtstücke hineinlegen. Zugedeckt 5 Minuten dünsten, Fisch umdrehen und den sauren Rahm über den Hecht gießen. Butterflocken darauf verteilen und in der Backröhre bei 250° ca. 10 Minuten leicht überbacken.

Beilage: selbstgemachte Nudeln oder abgeschmälzte Salzkartoffeln – Gurkensalat mit Dillsahne.

Getränk: Weißherbst.

Hab ich noch nie probiert!

Froschschenkel provencial

Zutaten (für 4 Personen): 4 Eßl. Olivenöl, 16 Paar Froschschenkel, 4 Eßl. feine Zwiebelwürfel, besser Schalotten, 3 Zehen Knoblauch, geschält, fein gehackt, 4 Tomaten, ohne Haut und Kerne, grob gehackt, Salz – Basilikum – Thymian – Rosmarin.

Zubereitung: In heißem Öl die Zwiebeln hell andünsten, Knoblauch, Tomaten und Gewürze dazugeben und einmal aufkochen. Die Froschschenkel dazugeben, umrühren, zugedeckt auf mildem Feuer 15 Minuten dünsten. Nochmals abschmecken; je nach Geschmack etwas Zitronensaft dazuträufeln. Mit gehackter Petersilie bestreuen.

Getränk: Weißburgunder.

Froschschenkel »im Höschen«

Zutaten (für 4 Personen): 16 Paar Froschschenkel, leicht gesalzen und mit Zitronensaft beträufelt.
Backteig: ¹/₈ l Bier, 125 g Mehl, 1 Prise Salz, 2 Eier. Backfett.

Zubereitung: Im Bier das Mehl glattrühren, salzen und die Eier dazugeben. Backteig 10 Minuten ruhen lassen. Dann die Froschschenkel in Mehl drehen, in Backteig tauchen und in heißem Fett 8–10 Minuten goldbraun backen.

Getränk: Riesling.

Froschschenkel in Rahmsauce

Zutaten (für 4 Personen): 20 g Butter, 3 Eßl. Zwiebelwürfel, ⅛ l Weißwein, ⅛ l Fleischbrühe, 16 Paar Froschschenkel, Salz – weißer Pfeffer.
Sauce: 40 g Butter, 4 Eßl. Mehl, ⅛ l Froschschenkelsud, 2 Eigelb, vermischt mit 4 Eßl. süßem Rahm, 1 Eßl. Petersilie, frisch gehackt.

Zubereitung: In Butter Zwiebelwürfel hell andünsten, Froschschenkel dazuschütten, würzen und zugedeckt 5 Minuten alles dünsten. Mit Weißwein und Fleischbrühe bedecken und sachte 10 Minuten kochen, bis sie weich sind. Die fertigen Froschschenkel in eine warme Schüssel legen, den Sud durch ein Sieb gießen.

Zur Sauce in Butter das Mehl leicht anschwitzen, es muß hell bleiben, mit Froschschenkelsud auffüllen, glattrühren und 5 Minuten kochen. Würzen, mit Eigelbrahm vermischen und die Sauce über die Froschschenkel decken. Mit Petersilie bestreuen.

Getränk: Gutedel.

Heringskartoffeln

Zutaten (für 4 Personen): 600 g rohe Kartoffelscheiben, in Salzwasser gekocht, 4 Heringsfilets, gewässert, enthäutet, abgetrocknet, in Streifen, 20 g Butter, 4 Eßl. Zwiebelwürfel, ¼ l sauren Rahm, vermischt mit 3 Eiern.

Zubereitung: In heißer Butter die Zwiebeln andünsten, mit saurem Rahm ablöschen und die Eier darunterrühren.

Unter die Kartoffelscheiben die Heringsstreifen mengen und alles in eine gebutterte, mit Weckmehl ausgestreute Auflaufform füllen. Mit Eierrahm begießen, glattstreichen, mit Weckmehl bestreuen und bei 220° ca. 1 Stunde in der Backröhre backen.

Getränk: frisches Bier.

Weinbergschnecken

Zutaten (für 4 Personen): 4 Dutzend Weinbergschnecken mit Häuschen, 1/8 l Weißwein, Salz – weißer Pfeffer.
Schneckenbutter:
200 g küchenwarme, frische Butter, 2 Eßl. Petersilie, fein gehackt, 2 Zehen Knoblauch, geschält, fein gehackt, auf dem Brett mit flachem Messer glattgerieben, 2 Eßl. Zwiebeln, gerieben oder fein gehackt, Salz – weißer Pfeffer, am besten aus der Mühle.

Zubereitung: Alle Zutaten vermischen. Die Schnecken mit Weißwein einmal aufkochen und abkühlen lassen. In jedes Häuschen etwas vom Schneckenfond mit einem Kaffeelöffel geben, die Schnecke ins Häuschen drücken und mit Schneckenbutter verschließen.

Auf eine große Platte einen flachen Salzhügel schütten und darauf die Häuschen eindrücken. So bleiben sie stehen und, wenn sie aus dem Ofen kommen, auch warm. Die fertige Platte mit allen Schnecken in die warme Backröhre schieben und hier bei 200° etwa 15 Minuten erhitzen, bis die Butter schäumt. Mit erwärmtem Weißbrot zu Tisch bringen.

Mit einer Schneckenzange jeweils eine Schnecke auf den warmen Teller bringen, die Butter auf einen Löffel gießen und mit einer Gabel oder Spießchen die Schnecke aus dem Häuschen ziehen und genießen. Abtropfende Schneckenbutter säuberlich mit dem Weißbrot auftunken.

Getränk: Riesling.

fig · 5

Briesle in zerlassener Butter

Zutaten (für 4 Personen): 50 g Butter, 500 g Kalbs-bries, Salz – Zitronensaft.

Zubereitung: Kalbsbries in kaltem Wasser 2 Stunden wässern, damit es ganz weiß wird. Dann in Fleischbrühe mit gespickter Zwiebel ca. 10–15 Minuten kochen (es muß innen durch und durch weiß sein). Große Stücke können länger brauchen. Fertiges Bries aus der Brühe nehmen und in fingerdicke Scheiben schneiden. Auf warmer Platte anrichten und zerlassene Butter darübergießen.

Beilage: Körniger Reis, Spätzle oder Kartoffelbrei. Gemüse wie Spinat, Spargel, Karotten, Erbsen, Blumenkohl oder Butterböhnle.

Getränk: Sylvaner.

Kalbsbraten

Zutaten (für 4 Personen): 50 g Fett, 800 g Kalb-fleisch, aus der Keule oder aus dem Bug, Salz – weißer Pfeffer, 4 Eßl. Zwiebelviertel, 4 Eßl. gelbe Rübenscheiben, 4 Eßl. Brotrinde, geschnitten, 1/8 l sauren Rahm.

Zubereitung: Im heißen Fett das gewürzte Fleisch ringsherum scharf anbraten. Zwiebeln, gelbe Rüben und die Brotrinde dazugeben und in der heißen Bratröhre ca. 70 Minuten braten. Ab und zu begießen. Den fertigen Braten auf warmer Platte, mit etwas heißem Bratfett begossen, warmstellen.

Pfanne auf den Herd stellen und 3 Eßl. Mehl zum Bratfett rühren. 1/4 l Fleischbrühe auffüllen, wenn das Mehl braun geröstet ist, und 10 Minuten durchkochen lassen. Sauren Rahm dazurühren, Sauce durch ein Sieb gießen und noch 2 Eßl. Weißwein dazurühren.

Getränk: Ruländer.

Hammelkoteletts »Nelson«

Zutaten (für 4 Personen): 8 Hammelkoteletts mit abgeschabten Knochen, schräg auf gleiche Länge gehackt, Salz – Pfeffer, Fett zum Braten, Weckmehl – Butterflocken, 50 g geriebener Schweizer Käse.
Zwiebelmus: 20 g Butter, 12 Eßl. Zwiebelwürfel, 2 Eigelb, 4 Eßl. sauren Rahm, Salz – Pfeffer, 4 Eßl. Weckmehl.

Zwiebelmus-Zubereitung: In Butter die Zwiebeln hell andünsten, sauren Rahm und Weckmehl dazurühren sowie Eigelb und Gewürze. Zwiebelmus muß hell bleiben und dick sein, es darf nicht weglaufen.

Die gewürzten Hammelkoteletts in heißem Fett beiderseitig kurz anbraten. Dann in eine gebutterte, flache, feuerfeste Form für jedes Kotelett eine fingerdicke Scheibe Weißbrot legen, damit das Kotelett hoch liegt. Auf jedes Kotelett 3–4 Eßl. Zwiebelmus decken, mit geriebenem Käse bestreuen und mit Weckmehl und mit Butterflocken belegen. Bei 220° ca. 10 Minuten im Backofen goldgelb überbacken.

Getränk: Spätburgunder.

Sauerbraten

Großmutter nimmt Wein!

Zutaten (für 4 Personen): 1 kg Ochsenfleisch (Keule, Schwanzstück).
Beize: $\frac{1}{2}$ l Weinessig, $\frac{1}{2}$ l Wasser, zusammen aufkochen, abkühlen lassen, 1 Lorbeerblatt – 2 Nelken – 5 Pfefferkörner, 4 Eßl. Zwiebelscheiben, 4 Eßl. gelbe Rübenscheiben.
Braten: 50 g Fett, 100 g Brotrinde, geschnitten, $\frac{1}{4}$ l Beize, $\frac{1}{4}$ l Fleischbrühe.

Zubereitung: In einen Steintopf oder Tontopf das Fleisch legen und die Beize darübergießen. Alle Gewürze und Wurzelwerk dazugeben. Das Fleisch muß bedeckt sein. 4 Tage kühl stehen lassen. Fleisch abtropfen lassen, abtrocknen, mit Salz und Pfeffer würzen und in heißem Fett ringsherum scharf anbraten. Mit Beize ablöschen und in der heißen Backröhre braten. Ab und zu das Fleisch übergießen. Später die Fleischbrühe dazugießen und die Brotrinde dazugeben. Nach 2 Stunden ist das Fleisch weich. Fleisch herausnehmen und warm stellen. Pfanne auf den Herd stellen und die Sauce mit etwas angerührtem Kartoffelmehl binden. Sauce durch ein Sieb passieren und abschmecken.

Beilage: Nudeln, abgeschmätzt.

Getränk: Rotwein.

Schweinebraten

Gibt's oft als Sondrvangebot

Zutaten (für 4 Personen): 800 g Schweinefleisch, aus Keule, Schulter, Kamm oder Rücken, 1/2 l Wasser, 2 Zwiebeln, geschält, geviertelt, 2 gelbe Rüben, geputzt, zerschnitten, Salz – Pfeffer, 80 g Brotrinde (für die Farbe und Bindung der Sauce).

Zubereitung: Im heißen Wasser das gewürzte Fleisch mit Zwiebeln und gelben Rüben sowie der Brotrinde ansetzen und im heißen Ofen langsam braten. Ab und zu begießen. Bratdauer 2 Stunden. Sauce entfetten, mit etwas Kartoffelmehl, in kaltem Wasser angerührt, binden, einmal aufkochen und durch ein feines Sieb gießen.

Beilage: Salate, Salzkartoffeln.

Getränk: Ruländer.

Leberknödel

Zutaten (für 4 Personen): 300 g Schweine- oder Rindsleber, durch die feine Scheibe des Wolfes gedreht, 150 g Speck, 150 g Semmelbrösel, 8 Eßl. Zwiebelwürfel, 2 Eßl. Petersilie, gehackt, Salz – schwarzer Pfeffer – Majoran, 3 Eier, Wasser und etwas Salz zum Kochen.

Zubereitung: In etwas Speck die Zwiebeln und die Petersilie andünsten. Die durchgedrehte Leber mit durchgedrehtem Speck, Gewürzen, angebratenem Speck, Zwiebeln und Petersilie vermischen, Eier dazugeben, dann die Semmelbrösel daruntermischen. Die Masse 15 Minuten quellen lassen.

40

Inzwischen Wasser mit wenig Salz aufsetzen. Wenn es kocht, von dem Teig mit 2 Eßlöffeln, die man ab und zu ins kochende Wasser taucht, eiförmige Klößchen formen und uns kochende Wasser legen. Sachte 10 Minuten kochen und 10 Minuten zugedeckt ziehen lassen ohne Feuer.

In eine warme Schüssel eine Untertasse verkehrt herum auf den Boden legen, dann die fertigen Leberknödel mit Schaumkelle aus dem Wasser heben und darauf legen. So bleiben sie trocken. Auf die fertigen Leberknödel reichlich in Butter angeröstete Zwiebelwürfel verteilen.

Beilage: Salzkartoffeln und Sauerkraut.

Spickknödel ausprobieren!

Gespickter Rinderbraten

Zutaten (für 4–6 Personen): 2 kg abgehangenes Rindfleisch aus der Keule, reichlich mit Speck gespickt, Salz – Pfeffer, 3 Zehen Knoblauch, zerrieben, 3 Eßl. Fett, 100 g magere Speckstreifen, 300 g Zwiebelscheiben, 300 g Möhrenscheiben, 1 Lorbeerblatt – 3 Nelken, ¼ l Rotwein, ½ l Fleischbrühe, 2 Eßl. Stärkepuder, angerührt in 3 Eßl. kaltem Wasser, 6 Eßl. Rotwein.

Zubereitung: Das gewürzte und mit Knoblauch eingeriebene Fleisch im heißen Fett scharf anbraten. Speck mit den Zwiebeln und Möhren andünsten und die Gewürze dazugeben. Das Fleisch darauflegen, mit Rotwein übergießen und 20 Minuten im heißen Backofen zugedeckt dämpfen. Fleischbrühe kochend darübergießen und zugedeckt weiterkochen. Nach ca. 2 Stunden ist das Fleisch dann weich. Herausnehmen, Sauce auf den Herd stellen und mit dem angerührten Stärkepuder binden. Einmal aufkochen und den Rotwein hineingießen. Fleisch in Scheiben schneiden und die heiße Sauce darüberdecken.

Beilage: Kartoffelklöße.

Getränk: Spätburgunder.

Eingemachtes Kalbfleisch

Zutaten (für 4 Personen): 50 g Butter oder Fett, 8 Eßl. Zwiebelstreifen, 800 g Kalbfleisch ohne Knochen, aus der Schulter oder vom Hals, in mundgroßen Würfeln, 5 Eßl. Mehl, $1/8$ l Weißwein, $1/2$ l Fleischbrühe, Salz – Muskat – Zitronensaft.

Zubereitung: In Butter die Fleischwürfel anbraten, ohne daß sie braun werden. Zwiebelstreifen dazugeben, 2 Minuten mitdünsten. Mehl darüberstäuben, 1 Minute mitdünsten, mit Weißwein ablöschen und mit Fleischbrühe auffüllen. Alles sachte kochen lassen, bis das Fleisch weich ist, würzen. Die Sauce muß deckend dick sein; sollte sie das nicht, dann mit etwas kalt angerührtem Stärkepuder nachhelfen. Über das fertige Gericht gehackte Petersilie streuen.

Beilage: Spätzle.

Getränk: Müller-Thurgau.

Kalbsbrust gefüllt

Zutaten (für 4–6 Personen): 1,5 kg Kalbsbrust, entbeint und mit Tasche zum Füllen.
Füllung: 300 g Schweinekamm.
4 Brötchen, klein geschnitten, übergossen mit $1/4$ l kochender Milch, 2 Eier, 30 g Butter, 8 Eßl. Zwiebelwürfel, 2 Eßl. Petersilie, frisch gehackt, Salz, Muskat, weißer Pfeffer.
Zum Braten: 50 g Butter, 300 g klein gehackte Kalbsknochen, 5 Eßl. Zwiebelviertel, 5 Eßl. Karottenscheiben, 1 Lorbeerblatt, 2 Nelken.

Schweinefleisch mit ausgedrückten Brötchen durch die feine Scheibe des Wolfes drehen. Die Zwiebeln mit Petersilie in Butter andämpfen. Alle Zutaten mit Gewürzen mischen.

Die innen leicht gesalzene Brusttasche füllen und die Öffnung zunähen. Die Kalbsbrust, außen leicht gesalzen, in Butter anbraten, dann die Knochen mit dem Wurzelwerk darunter geben und in der Backröhre bei 250°C langsam $2 1/2$ Stunden braten. – Ab und zu mit dem Bratensaft begießen, der mit etwas Weißwein und Fleischbrühe ergänzt werden kann.

Als Sauce nur den durchpassierten Bratensaft geben.

Beilage: Breite Nudeln, in Butter abgeschmälzt, und Salate mit Kartoffelsalat.

Getränk: Riesling.

Ziemlich schwer-aber lecker!

Verdeckte Schüssel

Zutaten (für 4 Personen): 20 g Fett, 4 kleine Schweinelendchenscheiben, fingerdick geschnitten, à 80 g, 4 kleine Kalbslendchenscheiben, fingerdick geschnitten, à 80 g, 4 dünne Rinderlendenscheiben, hauchdünn geschnitten, à 40 g, Salz – weißer Pfeffer – Knoblauch, ¼ l Rahmsauce Rahmschnitzel), mit 100 g frischen, gekochten Champignonscheiben vermischt, 400 g Spätzle, in Butter heiß geschwenkt.

Zubereitung: Im heißen Fett die gewürzten und mit Knoblauch eingeriebenen Lendchen rasch beiderseitig anbraten, sie sollen innen noch rosa sein, und in die heiße Champignonrahmsauce legen.

In eine warme Schüssel mit Deckel die in Butter heißgeschwenkten Spätzle legen. Die Fleischscheiben aus der Sauce darüberdecken und mit der Sauce begießen. Petersilie daraufstreuen und etwas Weißwein darüberspritzen. Deckel auf die Schüssel setzen und zugedeckt auftragen.

Beilage: Tomaten- und Kopfsalat.

Getränk: Ruländer.

Gekochtes Ochsenfleisch

Zutaten: 1500 g Ochsenfleisch (Brust, Brustkern, Brustspitze, Hochrippe, Tafelspitz), 500 g Rinderknochen mit Markknochen.

43

Suppengrün: 2 gelbe Rüben, geschabt, zerschnitten, 2 Stangen Lauch, geputzt, gewaschen, zerschnitten, 1 Selleriekopf, geschält, zerschnitten, 1 gespickte Zwiebel (an 1 geschälte Zwiebel mit 2 Nelken 1 Lorbeerblatt anstecken), 4 halbe Zwiebeln, quer durchgeschnitten, in einer Pfanne mit wenig Fett oder auf der Herdplatte dunkelbraun angeröstet, damit die Brühe eine hübsche appetitliche Farbe bekommt, Salz.

Zubereitung: In 4 l Wasser setzt man die Knochen und das Wurzelwerk mit etwas Salz an und läßt alles 30 Minuten kochen, damit die Brühe schon Geschmack hat. Aufpassen, erst Wasser in den Topf, dann erst die Knochen, damit sie nicht am Boden des Topfes anbrennen können. In die sachte kochende Brühe das Fleisch legen, damit sich die Poren sofort mit dem geronnenen Eiweiß verschließen und der Saft im Fleisch bleibt. So kocht das Fleisch, bis es weich ist, aber nicht zerfällt. Meistens braucht es 1—2 Stunden.

Dann das Fleisch auf warme Platte legen, in fingerdicke Scheiben schneiden und Scheibe an Scheibe gelegt anrichten. Etwas heiße Brühe darüber schöpfen und mit frisch gehackter Petersilie bestreuen. Man kann auch vom gehackten Suppengrün etwas darüberstreuen.

Inzwischen hat man die Beilagen zubereitet und auf den Tisch gestellt:
Meerrettichsauce (s. S. 145) — Salate: Tomaten in Ecken — Gurken mit Borretsch und Dill — Grüne Bohnen — Wachsbohnen — Rettich — Endivien — rote Rüben — Sonnenrädle — gelbe Rüben — Weißkohl mit Speck. Weiter Preißelbeeren — Senfgurken — saure Gurken oder Cornichons — Perlzwiebeln — süßsauren Kürbis — dampfende Salzkartoffeln, abgeschmälzt mit Butter und bestreut mit gehackter, frischer Petersilie.

So kocht man auch Knochenbrühe, dazu nimmt man kein Fleisch, aber dreimal soviel Knochen. Sie schmeckt nochmal so gut, wenn man ein älteres Huhn oder betagte Tauben mitkocht.

Getränk: Riesling.

Meerrettichsauce

Zutaten (für 4 Personen): ¹/₈ l Fleischbrühe, ¹/₈ l Milch, 3 Eßl. Stärkepuder, angerührt in 5 Eßl. kalter Milch, 8 Eßl. geriebener Meerrettich, am besten frischer, vermischt mit etwas Salz – Zucker – Zitronensaft.

Zubereitung: Fleischbrühe und Milch aufkochen, mit dem angerührten Stärkepuder binden, einmal aufkochen und den mit den Gewürzen vermischten Meerrettich darunterrühren. Erhitzen, aber nicht kochen, damit die erhoffte Stärke im Meerrettich erhalten bleibt.

Schinkenklöße

Zutaten: 50 g Butter, 125 g gekochten Schinken, fein gewiegt, 4 Wecken, in Milch eingeweicht, 10 g Butter, darin angedämpft 2 Eßl. Zwiebelwürfel und 1 Eßl. Petersilie, gehackt, 3 Eier, Salz – Pfeffer – Muskat.

Zubereitung: Butter schaumig rühren, Schinken, die ausgedrückten und durchgedrehten Wecken und die Zwiebelpetersilie sowie die Eier dazumischen. Mit 2 Kaffeelöffeln Klößchen formen und in kochendem Salzwasser kochen. Wenn die Klößchen oben schwimmen, sind sie fertig.

Beilage: grüner Salat.

Getränk: Müller-Thurgau.

fig. 6

Gefüllte junge Täubchen

Zutaten (für 4 Personen): 4 bratfertige junge Täubchen.
Füllung: 4 in Wasser eingeweichte Brötchen, Leber und Herzen der Täubchen, fein gewiegt, 2 Eier, Salz – Muskat – Pfeffer, 40 g Butter, schaumig gerührt, 10 g Butter, 4 Eßl. Zwiebelwürfel, 1 Eßl. Petersilie, gehackt.

Zubereitung: In heißer Butter Zwiebelwürfel und Petersilie andämpfen. Die zerdrückten Brötchen mit schaumiger Butter, Gewürzen, Eiern, gehackten Taubeninnereien und Zwiebelpetersilie vermischen. Die Täubchen innen salzen und mit der Füllung füllen, auch den Kropf. Beide Schlußstellen mit Bindfaden zunähen. Täubchen außen salzen und in heißem Fett ringsherum anbraten. Magen der Täubchen, gelbe Rüben und ein Stück Brotrinde dazugeben und in der mittelheißen Bratröhre ca. 1 Stunde braten, dabei öfters mit Fleischbrühe begießen. Fertige Täubchen aus der Pfanne nehmen, warm stellen. Die Pfanne auf den Herd stellen, den Bratensatz mit Fleischbrühe etwas auffüllen, durchkochen und dann durch ein Sieb passieren.

Bei den Täubchen die Fäden herausziehen, anrichten und die Sauce getrennt auf den Tisch bringen.

Beilage: Kartoffelbrei.

Getränke: Müller-Thurgau.

Rebhuhn in Rahmsauce

Zutaten (für 1 Person): 1 küchenfertiges Rebhuhn, 2 Weinblätter – Salz, 20 g Speck, gewürfelt, 10 g Fett, 3 Eßl. grobe Zwiebelwürfel, 3 Eßl. grobe Karottenwürfel, 3 Eßl. grobe Sellerieknollenwürfel, 4 Wacholderbeeren, zerdrückt, 1 Lorbeerblatt – 2 Nelken, 1/2 l Fleischbrühe, 2 Eßl. Stärkepuder, angerührt in 5 Eßl. Milch, 4 Eßl. Rahm.

Zubereitung: Lassen Sie sich die Speckscheiben vom Metzger auf der Aufschnittmaschine schneiden; er kann den Speck an der breiten Seite schneiden, so daß man in eine Scheibe das Rebhuhn einwickeln kann.

Das saubere Rebhuhn innen und außen salzen und mit Weinblättern, die aber vorher gebrüht wurden, umwickeln, darüber die Speckscheiben legen und festbinden. Im heißen Fett ringsherum anbraten, Wurzelwerk und Gewürze dazugeben, Speckwürfel dazulegen und zugedeckt in die heiße Backröhre schieben. Ab und zu etwas Fleichbrühe angießen. Nach 30 Minuten kann das Rebhuhn fertig sein. Die Pfanne auf den Herd stellen, Rebhuhn herausnehmen und, mit Butter eingepinselt, warm stellen. Wurzelwerk noch etwas anbraten, Fleischbrühe dazugießen und nach 10 Minuten die Sauce durch ein feines Sieb gießen. Sauce aufkochen, mit Stärkepuder binden, noch einmal aufkochen und Sahne dazurühren. Rebhuhn auspacken, halbieren, Speckscheiben darauflegen und die Sauce extra servieren.

Beilage: Weinkraut und Kartoffelschaum.

Getränk: Weißherbst.

Gänsebraten

Zutaten (für 4–6 Personen): 1 bratfertige, junge Gans, gefüllt mit 4 Zwiebeln, geschält und geviertelt, 4 Äpfeln, geschält, entkernt und geviertelt, und 1 Stengel Beifuß, 1 l Wasser, 1 Lorbeerblatt – 2 Nelken.

Zubereitung: In eine Pfanne mit kochendem Wasser die Gans mit der Brust nach unten hineinlegen und in den heißen Ofen schieben. Das Wasser entzieht der Gans das Fett, ohne daß das Fleisch trocken wird. Nach 2 Stunden drehen und unter fleißigem Begießen rundherum schön knusprig braten. Nach 1–2 Stunden ist sie fertig. Die Gans herausnehmen. Sauce auf dem Herd einkochen, entfetten. Die Gans so zerlegen, daß jeder 1 Stück Brust und 1 Stück Keule bekommt. Die Füllung kleinhacken und heiß dazugeben.

Beilage: Rotkraut und Kartoffelklöße. – Apfelmus.

Getränk: Spätburgunder.

49

Gänsebraten mit Kartoffelfüllung

Zutaten (je nach Größe der Gans): 500 g kleinge-
würfelte rohe Kartoffeln, 20 g Butter, 6 Eßl. Zwie-
belwürfel, 3 Eßl. Petersilie, gehackt, Salz – Pfeffer –
Majoran, aber nur eine Spur.

Zubereitung: Die Kartoffeln in Salzwasser 8 Minuten kochen und abgießen. In Butter Zwiebeln und Petersilie andämpfen, die Kartoffeln dazugeben, mitschwenken und würzen. Diese Füllung in die gesalzene Gans stopfen und diese unten zunähen. Dann die Gans wie gewohnt braten.

Beilage: Rotkohl, Klöße.

Getränk: Rotwein – Spätburgunder.

Wildschweinkeule in Sahne

Zutaten (für 4 Personen): 1 kg Wildschweinkeule,
gut agbehangen, Salz – Muskatnuß, 100 g Butter
oder Margarine, 2 Zwiebeln – 2 Möhren – 1/2 Selle-
rieknolle, 1/2 l heißes Wasser oder Fleischbrühe,
1 Eßl. Tomatenmark, 1/4 l saure Sahne, Zitronensaft
– Weißwein, 100 g Butter oder Margarine, 2 Zwie-
beln, 500 g Pfifferlinge, Pfeffer.

Zubereitung: Fleisch waschen, enthäuten, salzen und im heißen Fett von allen Seiten gut anbraten. 2 Zwiebeln in Viertel schneiden, Möhren und Sellerie putzen und waschen, in kleine Stücke schneiden und alles zusammen zum Fleisch geben, bräunen lassen und dann etwas von der heißen Brühe aufgießen. Das Fleisch bei schwacher Hitze schmoren lassen, ab und zu mit Bratensatz begießen und verkochtes Wasser ersetzen. 15 Minuten vor Beendigung der Schmorzeit Tomatenmark und Sahne über das Fleisch geben und mitschmoren lassen. Bratdauer etwa 1 1/2 bis 2 Stunden. Wenn das Fleisch gar ist, herausnehmen, auf eine vorgewärmte Platte legen, den Bratensatz durch ein Sieb gießen und soviel von dem durch das Sieb gestrichenen Gemüse hinzufügen, daß die Sauce gebunden ist. Sauce mit Salz, Muskat, Zitronensaft und Weißwein abschmecken.

Fett in einem Topf zerlassen, die in kleine Würfel geschnittenen Zwiebel darin andünsten, die Pfifferlinge dazugeben, kurze Zeit mitschmoren lassen und würzen.

Fleisch in Scheiben schneiden, mit den Pfifferlingen auf der Platte anrichten, etwas von der Sauce darüber verteilen und mit Zitronenscheiben und Petersilie garnieren.

Beilage: Salzkartoffeln – Kartoffelklöße.

Getränk: Rotwein vom Kaiserstuhl.

Rehrücken in Rahmsauce

Zutaten (für 4–6 Personen): 1 Rehrücken, ca. 1 bis 1½ kg, etwas Salz, 40 g weiche Butter, 125 g fetter Speck in Scheiben, ¼ l heißes Wasser, Suppengrün (Möhre, Lauch, Sellerie), kleingeschnitten, 1 Zwiebel, geviertelt, 1 Lorbeerblatt – 2 Nelken – 2 Wacholderbeeren, zerdrückt, ¼ l saure Sahne, 1 Eßl. Stärkepuder, angerührt in 3 Eßl. kalter Milch, Zitronensaft – Weißwein.

Zubereitung: Den Rehrücken waschen, enthäuten, salzen und mit dem Fett bestreichen. Einen Teil der Speckscheiben in eine mit Wasser ausgespülte Bratpfanne legen, den Rücken darauf legen und mit den übrigen Speckscheiben belegen. Es ist gut, an den beiden Enden des Rückens je 1 Bratspießchen in die Wirbelsäule zu stecken, damit sich beim Braten die Enden nicht nach oben biegen. Die Bratpfanne in den Backofen schieben. Sobald der Bratensatz bräunt, etwas von dem heißen Wasser zugießen. Das Fleisch ab und zu mit dem Bratensatz begießen, verdampftes Wasser ersetzen. Nach 20 Minuten Suppengrün, Zwiebel und die Gewürze dazugeben und den Rehrücken noch weitere 20 Minuten braten lassen. Er darf nicht ganz durchgebraten sein, sondern muß beim Anschneiden einen rosa Kern haben. Wenn das Fleisch gar ist, auf der Kochstelle den Bratensatz mit der Sahne loskochen, evtl. noch etwas Wasser zusetzen, durch ein Sieb gießen, mit dem angerührten Stärkepuder binden, aufkochen und die Sauce mit Salz, Zitronensaft und Weißwein abschmecken.

Das Fleisch von den Knochen lösen, die Spießchen herausziehen, das Fleisch in Scheiben schneiden, auf einer vorgewärmten Platte anrichten und die Sauce in einer Sauciere dazu servieren.

Beilage: Spätzle, in Butter geschwenkt – Preiselbeeren.

Getränk: Spätburgunder aus der Ortenau.

Hasenpastete in der Terrine

Zutaten (für 4–6 Personen): 1000 g Hasenfleisch, roh, enthäutet, 500 g magerer geräucherter Speck in groben Würfeln, 20 g Butter, 250 g Zwiebeln, geschält, in Scheiben, 4 Eier, Salz – Muskat – Paprika oder 1 Teel. Pastetengewürz, 1/4 l Sahne, 2 Gläschen Weinbrand, 2 Gläschen Madeira oder Sherry, 15 hauchdünne Scheiben mageren Speck.

Zubereitung: Grobe Speckwürfel in Butter langsam anbraten und die Zwiebeln dazugeben. Nach 10 Minuten die Pfanne vom Herd nehmen, das rohe Hasenfleisch durch die feine Scheibe des Wolfes drehen, die angebratenen Speck- und Zwiebelwürfel ebenfalls. Das durchgedrehte Fleisch in einer größeren Schüssel mit den Eiern und Gewürzen mischen, Weinbrand und Madeira dazugeben, vermischen und mit der Sahne abrunden. Den Boden und die Seiten einer Terrine aus Steingut oder einer Kastenform mit den hauchdünnen, mageren Speckseiten auslegen, Farce hineinfüllen (dreiviertel voll), mit den Speckscheiben zudecken. Bei 250° ca. 2 Stunden backen. Um der Pastete ein schönes Gesicht zu geben, können die Farcen schichtweise eingefüllt werden, Streifen von gekochter Pökelzunge oder gekochtem Schweinefilet dazwischenlegen.

Fertige Pastete 10 Minuten auskühlen lassen, stürzen und den Saft auffangen. Kalt in fingerdicke Scheiben schneiden, garnieren mit Senffrüchten oder Sauce Cumberland.

Getränk: Badischer Weißherbst.

Junger Fasan

Zutaten: 1 junger Fasan, küchenfertig, 40 g Butter, Salz, Speckscheiben, 3 Wacholderbeeren, zerdrückt, 3 Eßl. Zwiebelviertel, 3 Eßl. gelbe Rübenscheiben, ¹/₄ l Fleischbrühe.

Zubereitung: Fasan innen und außen leicht salzen, mit Speckscheiben umbinden und in heißer Butter anbraten. Dann Zwiebeln, gelbe Rüben und die Wacholderbeeren dazugeben. Öfters begießen und dabei wenden. Bratdauer ca. 1 Stunde. Den fertigen Fasan aus der Pfanne nehmen, Bindfäden lösen und warm stellen. In der Pfanne auf dem Herd die Sauce fertig machen. Bratensatz etwas weiter rösten, mit Fleischbrühe einkochen und, wenn sie kräftig schmeckt, durch ein Sieb gießen.

Junge Rebhühner und Wildenten genauso zubereiten.

Getränk: Ruländer.

Frischlingsrücken

Zutaten (für 4 Personen): 1 Frischlingsrücken, reichlich gespickt, 50 g Fett, 50 g Butter, 300 g kleingehackte Frischlingsknochen, 300 g kleingehackte Schweine- oder Kalbsknochen, 4 Eßl. Zwiebelviertel, 4 Eßl. gelbe Rübenstücke, Salz – Pfeffer, 5 Wacholderbeeren, zerdrückt.

Zubereitung: Im heißen Fett den gewürzten Frischlingsrücken anbraten. Nach 20 Minuten die Knochen, Zwiebeln, gelbe Rüben und Wacholderbeeren dazuschütten. Den Rücken auf die gleichmäßig verteilte Unterlage legen und mit Butter bestreichen. Weiter braten, bis er fertig ist. Manche mögen ihn innen rosa. Bratdauer etwa 50–60 Minuten. Den fertigen Frischlingsrücken auf warmer Platte, nochmals mit Butter bestrichen, warm stellen und die Pfanne mit den Knochen auf den Herd stellen. Hier die Knochen noch etwas anbraten, damit die Sauce schön braun wird. Dann ¹/₂ l Fleischbrühe dazugießen und abschmekken.

Wer Rahmsauce wünscht, rührt sich 4 Eßl. Stärkepuder mit

6 Eßl. kalter Milch an, bindet die kochende Sauce damit, läßt einmal aufkochen, gibt $1/8$ l sauren Rahm dazu und schmeckt mit wenig Zitronensaft oder Weißwein ab.

Getränk: Spätburgunder vom Kaiserstuhl.

Notizen & weitere Rezepte:

fig · 7

Gemüsesuppe

Zutaten (für 4–8 Personen): 50 g Butter, 100 g Ka-rottenstreifen, 100 g Lauchstreifen, 100 g Sellerie-knollenstreifen, 100 g Zwiebelstreifen, 2 l Fleisch-brühe, Salz – Muskat, wenn nötig Suppenwürze, 3 Eßl. gehackte Petersilie oder fein geschnittener Schnittlauch.

Zubereitung: In der zerlassenen Butter die Gemüsestreifen kurz andünsten, dann Fleischbrühe auffüllen und sachte kochen, bis die Gemüsestreifen weich sind. Sie müssen aber einen Biß be-halten, weil sie dann herzhafter schmecken. Suppe würzen, ab-schmecken und auf die fertige Suppe Petersilie oder Schnittlauch oder beides streuen.

Weiße Bohnen mit Fasan

Zutaten (für 4 Personen): 300 g weiße Bohnen, 2 l Wasser, 2 Teel. Salz, 1 küchenfertiger Fasan, Sup-pengrün (Möhre, Sellerie, 1/4 Stück Kohlrabi, Lauch), 4 Wacholderbeeren – 2 große Zwiebeln, 50 g fetter Speck, 1 Eßl. Tomatenmark, 4 Eßl. Sahne, Salz, etwas Portwein.

Zubereitung: Bohnen waschen und über Nacht in kaltem Was-ser einweichen. Das gesalzene Wasser bei starker Hitze zum Kochen bringen, den Fasan mit dem Suppengrün und den zer-drückten Wacholderbeeren hineingeben und bei schwacher Hitze kochen lassen. Den garen Fasan und das Suppengrün aus der Brühe nehmen, die gut abgetropften Bohnen hineingeben, zum Kochen bringen und bei schwacher Hitze gar kochen lassen. Fasanenfleisch von den Knochen lösen und in kleine Würfel schneiden.

In einer Pfanne den gewürfelten Speck bei starker Hitze aus-lassen, das Fleisch mit den in Würfel geschnittenen Zwiebeln darin anbraten und dann alles zu den Bohnen geben. Suppen-grün klein schneiden und zusammen mit dem Tomatenmark und der Sahne hineinrühren. Das Gericht pikant mit Wein und Salz abschmecken.

Erbsen mit Speck

Aufgewärmt noch besser!

Zutaten (für 4 Personen): 500 g gelbe Erbsen, geschält oder ungeschält, über Nacht eingeweicht, morgens auf ein Sieb geschüttet und kalt abgespült, 3 Eßl. Fett, 5 Eßl. Möhrenscheiben, 5 Eßl. Zwiebelscheiben, 5 Eßl. Lauchstreifen, 5 Eßl. Sellerieknollenstreifen, 300 g Speckwürfel, mager, 100 g Zwiebelwürfel, fein, Salz – Pfeffer – Majoran – Thymian.

Zubereitung: Fett mit Zwiebeln und Gemüse in einen größeren Topf geben und 10 Minuten sachte dünsten. Erbsen dazugeben und mit kochender Fleischbrühe bedecken. Langsam kochen lassen, bis sie weich sind. Speck- und Zwiebelwürfel in einer Pfanne braun werden lassen und in die Suppe geben. Würzen und mit wenig Majoran oder Thymian abschmecken. Die Suppe wird umgerührt, aber nicht durchpassiert.

Zur Abwechslung kann man auf die fertige Suppe geröstete Weckscheiben streuen und gehackte Petersilie.

Linseneintopf

Zutaten (für 4 Personen): 250 g Linsen, über Nacht in kaltem Wasser eingeweicht, 1 l Fleischbrühe (kann auch aus Würfeln sein), 1 gespickte Zwiebel (an 1 geschälte Zwiebel mit 2 Nelken 1 Lorbeerblatt anheften), 100 g magere Speckwürfel, 8 Eßl. Zwiebelwürfel, 4 Eßl. Mehl, Salz – Suppenwürze.

Zubereitung: Die eingeweichten Linsen abgießen und in der Fleischbrühe mit der gespickten Zwiebel weichkochen.

Speck und Zwiebeln anbraten und das Mehl dazugeben. Etwas anrösten, bis es leicht bräunt. Dann alles in die Linsen rühren und noch einmal aufkochen. Würzen mit Salz, vielleicht mit etwas Suppenwürze.

Apfelessig auf den Tisch stellen, dann kann sich jeder nach Wunsch und Geschmack bedienen.

59

In Butter heiß geschwenkte Spätzle dazu reichen.

Man kann auch heiße Würstchen, in Scheiben geschnitten, dazu-geben.

Irish-Stew

Zutaten (für 4 Personen): 1 $^1\!/_2$ kg Weißkraut, Rip-pen herausgeschnitten, Kraut in fingerdicke Streifen geschnitten, 300 g rohe Kartoffelscheiben, 50 g Fett, 500 g Schweinefleisch aus dem Hals, klein gewür-felt, 500 g Rindfleisch aus dem Hals, klein gewür-felt, 200 g Zwiebelstreifen, 50 g dünne, magere Speckscheiben, Salz – Pfeffer, $^1\!/_8$ l süßen Rahm.

Zubereitung: Weißkrautstreifen in Wasser mit etwas Salz 10 Mi-nuten kochen. Kartoffelscheiben in Wasser mit wenig Salz 10 Minuten kochen.

In heißem Fett das gewürzte Fleisch mit den Zwiebelstreifen anbraten und mit $^1\!/_4$ l Wasser 20 Minuten sachte kochen.

Eine dicht schließende Pfanne mit Speckscheiben auslegen und Kraut, Fleisch und Kartoffeln lagenweise hineinfüllen. Kraut soll den Abschluß bilden. Rahm darübergießen, etwas salzen, den Deckel aufsetzen und am besten in der heißen Bratröhre bei 220° ca. 2 Stunden dämpfen. Auf das fertige Gericht frisch gehackte Petersilie streuen.

Schinkenmakkaroni *Ingrid's Leibspeisn*

Zutaten (für 4 Personen): 500 g Makkaroni in 3-cm kurzen Stücken, gekocht, 200 g klein gewür-felten gekochten Schinken, 100 g Schweizer Käse, gerieben, Salz – Muskat – weißer Pfeffer, $^1\!/_8$ l sau-rer Rahm, 50 g Butter, Weckmehl.

Zubereitung: In eine gebutterte und mit Weckmehl ausgestreute Auflaufform füllt man lagenweise Makkaroni, gekochte Schin-kenwürfel und geriebenen Käse (würzen nicht vergessen), sodaß die letzte abdeckende Schicht Makkaronis sind. Rahm darübergießen, Weckmehl darüberstreuen und Butterflocken darauf verteilen. Im Backofen bei 220° ca. 40 Minuten goldbraun backen.

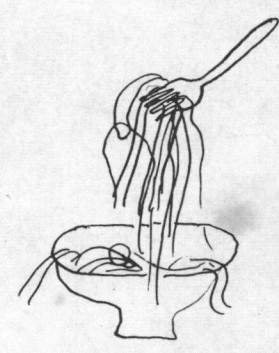

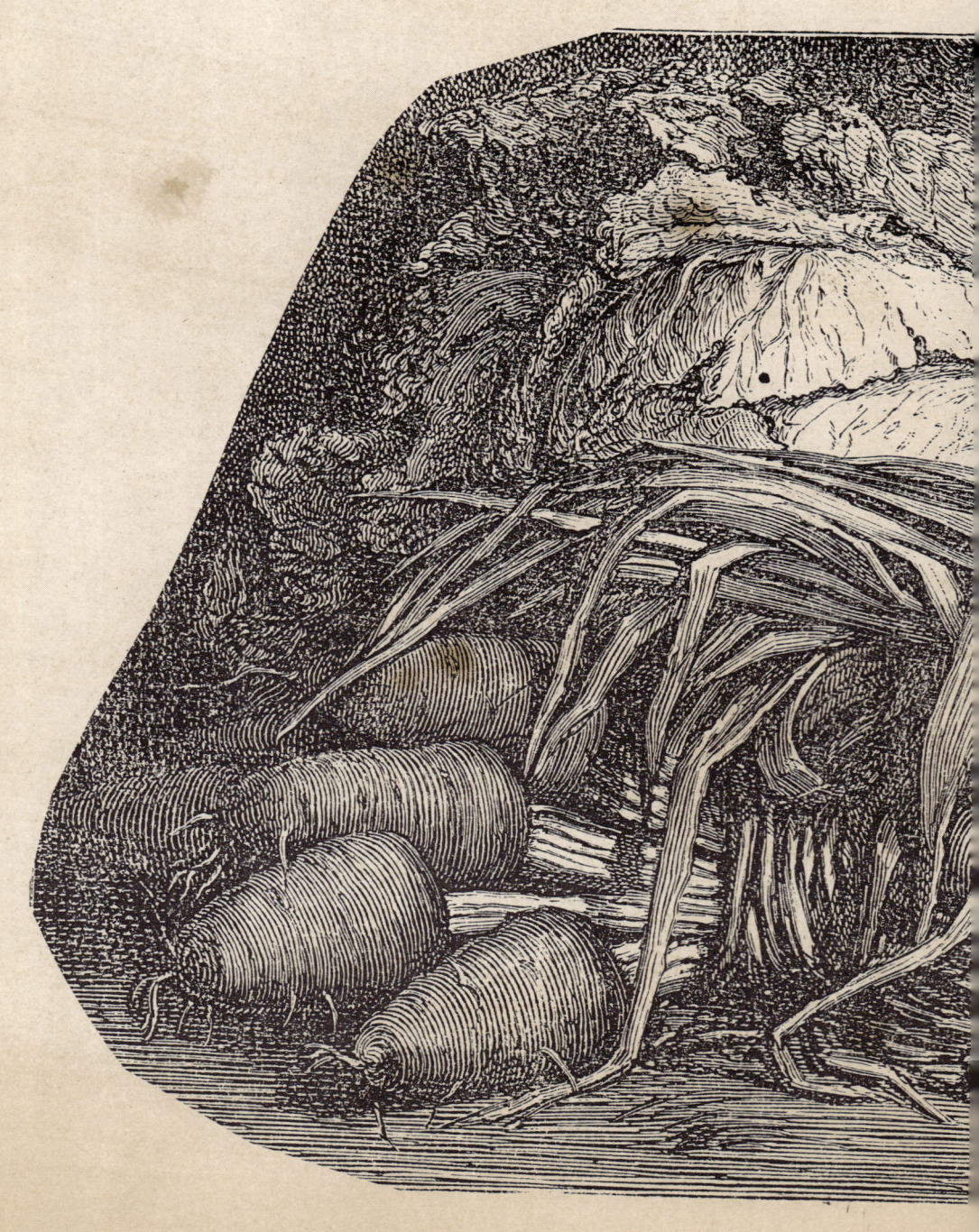

Salate

Wurzelsalat

Selleriekopf und gelbe Rüben, beides als Suppengemüse mitge-
kocht, um der Fleisch- oder Knochenbrühe guten Geschmack
und gesunde Farbe zu geben, kalt kleinschneiden und mit Salz,
wenig Zucker, feinen Zwiebelwürfeln, Weinessig, etwas Senf, etwas Öl und fein geschnittenem Schnittlauch anmachen.

Spargelsalat

*Zutaten (für 4 Personen): 2000 g Spargel, gekocht,
im Sud erkaltet.*
*Salatsauce: 5 Eßl. Apfelessig, 4 Eßl. Wasser, Salz –
Zucker – weißer Pfeffer, 8 Eßl. Öl, 2 Eßl. Schnittlauch, fein geschnitten.*

Zubereitung: Stangenspargel in der Mitte quer durchschneiden,
in eine Schüssel legen. Zur Salatsauce die angegebenen Zutaten
miteinander vermischen und über den Spargel gießen. Etwa 30
Minuten ziehen lassen.

Zur Abwechslung kann man über den Spargelsalat streuen: gehacktes hartes Ei, – fein gehackte, frische, geschälte Salatgurke
– kleine gekochte, magere Schinkenwürfel – feine Zwiebelwürfel.

Salat von roten Rüben

Schön gefunden

*Zutaten (für 4 Personen): 1 kg rote Rüben, von den
Blättern befreit, nicht von den Wurzeln, weil sonst
die Farbe verloren geht, weich gekocht, 4 Eßl. Zwiebelwürfel, Salz – schwarzer Pfeffer – 1 Lorbeerblatt,
1/8 l Essig, 4 Eßl. Öl.*

Zubereitung: Die noch lauwarmen roten Rüben schälen und in
dünne Scheiben oder Streifen schneiden. In einer Tonschüssel,
gewürzt mit Lorbeerblatt und mit Essig übergossen, zugedeckt
mindestens 2 Stunden ziehen lassen. Vor dem Anrichten mit Öl
vermischen und die Zwiebelwürfel oder -ringe darüberstreuen.

Gelbe-Rüben-Salat

Zutaten (für 4 Personen): 1 kg gelbe Rüben, möglichst dicke, geputzt, in Wasser weich gekocht und in dünne Scheiben geschnitten, Salz – 1 Prise Zucker – weißer Pfeffer, 4 Eßl. Zwiebelwürfel, 1 Eßl. Petersilie, gehackt, $1/8$ l Essig, 4 Eßl. Öl

Zubereitung: In einer Tonschüssel die gelben Rübenscheiben würzen und mit Essig, Öl, Zwiebelwürfeln und Petersilie mischen. Auf Kopfsalatblättern anrichten.

Krautsalat mit Speck und Zwiebeln

Zutaten (für 4 Personen): 800 g Weißkrautstreifen, Salz – Zucker – weißer Pfeffer – Kümmel, 8 Eßl. Kräuteressig, 100 g Speckwürfel, mager, 6 Eßl. Zwiebelwürfel.

Zubereitung: Weißkohl würzen und mischen. Speckwürfel mit Zwiebeln hell anrösten und daruntermischen.

Weißkohlsalat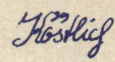

Zutaten (für 4 Personen): 800 g Weißkohl, 100 g Karotten, 100 g Lauch, Salz – Zucker – weißer Pfeffer – Kümmel, 8 Eßl. Weinessig, 2 Becher Joghurt.

Zubereitung: Weißkohl putzen, roh feinhacken oder mit der Küchenmaschine feinschnitzeln (nicht in Streifen schneiden) oder durch die mittelfeine Scheibe des Wolfes drehen. Mit den Karotten und dem Lauch ebenso verfahren. Weißkohl mit Karotten und Lauch mischen, würzen und mit Joghurt vermengen.

Rotkohlsalat

Zutaten (für 4 Personen): 800 g Rotkohl in feinen Streifen, 2 Eßl. Salz, 3 Eßl. Zucker, 8 Eßl. Rotweinessig, 8 Eßl. Öl.

Zubereitung: Die Rotkohlstreifen salzen und mit den Händen durchwalken, bis sie mürbe sind. Dann würzen und mischen und 30 Minuten ziehen lassen.

Für Pitter

Selleriesalat

Zutaten (für 4 Personen): 500 g Sellerieknolle, gekocht, geschält, in dünnen Scheiben, 4 Eßl. Essig, kochendes Wasser – Weinessig – Öl, Salz – Zucker, 2 Eßl. Zwiebelwürfel, fein.

Zubereitung: Die Selleriescheiben mit 4 Eßl. Essig beträufeln und das kochende Wasser deckend darübergießen. So bleiben die Scheiben hell und graue Stellen verschwinden. Abgekühlt und abgetropft die Scheiben mit Gewürzen, Essig und Öl mischen. Zwiebeln darüberstreuen und mindestens 1 Stunde ziehen lassen. Am besten bereitet man Selleriesalat 1 Tag vorher zu und stellt ihn zugedeckt kühl. Auf Kopfsalatblättern anrichten, mit Tomatenecken schmücken und mit gehackter Petersilie bestreuen.

Blumenkohlsalat

Zutaten (für 4 Personen): 500 g Blumenkohl, gekocht, kalt, in Röschen zerschnitten.
Salatsauce: 1/4 l Wasser mischen mit 1/8 l Kräuteressig, Salz – Zucker, 6 Eßl. Öl.

Zubereitung: Blumenkohlröschen in die Salatsauce legen und mindestens 2 Stunden ziehen lassen. Am besten schmeckt der Salat, wenn er am Abend vorher angemacht wird und die Nacht über ziehen kann. Auf Salatblättern anrichten, mit Tomatenecken schmücken und feinen Schnittlauch darüberstreuen.

Weißer Bohnensalat

Zutaten (für 4 Personen): 500 g weiße Bohnen, gekocht, kalt.
Salatsauce: 50 g magerer Speck, ausgelassen, 4 Eßl. feine Zwiebelwürfel, Salz – Zucker – weißer Pfeffer, 5 Eßl. Kräuteressig, 6 Eßl. Öl.

Zubereitung: Die Sauce-Zutaten zusammenrühren.

Bohnen über Nacht einweichen, zum Abtropfen auf ein Sieb schütten und in wenig Wasser mit Salz, Essig und 1 gespickten Zwiebel kochen, am besten im Dampftopf. Die Bohnen im Sud kaltstellen, auf einem Sieb abtropfen lassen, würzen und mit der Salatsauce mischen. 1 Stunde ziehen lassen, auf Salatblättern anrichten und mit Schnittlauch bestreuen.

Gurkensalat mit saurer Dillsahne

Zutaten (für 4 Personen): 500 g Gurkenscheiben, Salz – Zucker – weißer Pfeffer, 6 Eßl. Kräuteressig, 1/8 saure Sahne, 2 Eßl. Dillspitzen.

Zubereitung: Gurkenscheiben würzen, mit Sahne mischen. In einer Schüssel anrichten und Dillspitzen darüberstreuen.

Anstelle von Sahne kann man auch Joghurt nehmen.

Gurkensalat mit Borretsch

Gurkensalat wie üblich anmachen, aber feine Borretschstreifen nicht vergessen. Sie verhindern, daß sich die Gurke noch nach 3 Stunden meldet.

Kopfsalatsauce

Zutaten: 4 Eßl. Weinessig, 4 Eßl. Öl, etwas Senf, Salz – weißer Pfeffer, 2 hartgekochte, feingehackte Eier, 5 Eßl. sauren Rahm.

Zubereitung: Alle Zutaten miteinander vermischen, über den Kopfsalat gießen und rasch durchmischen.

Sonnenwirbele — Ackersalat

Nur die kleinen Rosetten putzen, kalt absprühen und übliche Salatsauce damit vermengen. Mancher hat feine Zwiebelwürfel gerne darauf.

Kenne ich gar nicht!

Löwenzahnsalat (Saustude)

Zutaten: Löwenzahnblätter.
Sauce für den Salat: 4 Eßl. Weinessig, Salz — 1 Prise
Zucker — 1 Messerspitze Senf, 3 Eßl. Öl oder 2
Eßl. Speckwürfel, ausgelassen.

Zubereitung: Gelbliche längliche zarte Löwenzahnblätter entweder klein zupfen oder in dünne Streifen schneiden, lauwarm absprühen auf einem Durchschlag, wegen der beliebten Bitterstoffe. Essig und Gewürze vermischen, über den Salat geben und jetzt entweder Öl oder die ausgelassenen Speckwürfel über den fertigen Salat verteilen.

Kartoffelsalat   *Gob's Silvester bei Mickey.*

Zutaten (für 4 Personen): 1500 g Kartoffeln (Salat-
kartoffeln, die speckig sein müssen, damit sie nicht
zerfallen), Salz — 1 Prise Zucker — weißer Pfeffer, 5
Eßl. Zwiebelwürfel, 5 Eßl. Apfelessig, 1/8 l Fleisch-
brühe, 5 Eßl. Öl.

Zubereitung: Kartoffeln in der Schale kochen und, wenn sie weich sind, abgießen und mit kaltem Wasser abschrecken, so lassen sie sich leichter schälen. Die warmen Kartoffeln so dünn wie möglich in Scheiben schneiden — »Rädle« sagt man auch. Noch warm die Kartoffelscheiben würzen mit Salz, Zucker und Pfeffer und mit Zwiebeln, Essig und der kochenden Fleischbrühe, die hell sein muß, damit der Kartoffelsalat auch hell bleibt, durchmischen. Nicht mit einem Holzlöffel rühren, sondern die Schüssel schütteln. Zudecken und 20 Minuten ziehen lassen. Nun saugen sich die Kartoffelscheiben mit der Flüssigkeit voll und werden saftig. Jetzt erst das Öl dazugeben und mischen.

Notizen & weitere Rezepte:

fig · 9

Nudeln, Gemüse, Beilagen

Maultaschen

Findet selbst Mainz so lustig!

Zutaten: Teig: 500 g Mehl, 4 Eier, etwas Salz.
Füllung: 4 Zwiebel, gewürfelt, 50 g magerer Speck,
gewürfelt, 250 g Schweinefleisch, durchgedreht, 250
g fertiger Spinat (50 g rohe Blätter daruntergehackt),
100 g Petersilie, gewiegt, 1 Paar geräucherte Brat-
würste, durchgedreht, Salz – Muskat.

Zubereitung: Zum Teig wird das gesiebte Mehl auf das Backbrett gegeben zu einem Kranz, Eier und Salz gibt man in die
Mitte. Daraus knetet man einen festen, glatten Teig. Dieser wird
in 6 Teile geschnitten und jeder Teil für sich hauchdünn ausgerollt oder ausgezogen, wie zu Strudel.

Zur Füllung Zwiebeln und Speck andünsten und mit allen anderen Zutaten sorgfältig vermischen, samt gekochtem und rohem
Spinat. Diese Masse 1/2 cm dick auf Teigblätter verteilen, 1/2 cm
Ränder frei lassen und mit Ei bestreichen. Teig zusammenlegen,
sechs Zentimeter breit, flach drücken und mit der Hand sechs
Zentimeter lange Stücke schräg eindrücken und mit dem Teller-
rand abschneiden, so daß sich die Teilenden beim Kochen nicht
öffnen. Die Maultaschen in kochende Brühe geben, die mit
Suppenwürze und Muskat abgeschmeckt wird. Die Maultaschen
auf kleiner Flamme ziehen lassen, bis sie oben schwimmen. Mit
Schaumlöffel herausnehmen, abtropfen lassen, mit Butter ab-
schmälzen und mit in Butter geröstetem Weckmehl bestreuen.

Spätzle

Zutaten (für 4–6 Personen): 500 g bestes Weizen-
mehl, 4–5 Eier (kommt auf die Größe an), 1 Teel.
Salz.

Zubereitung: In einer Schüssel das Mehl mit dem Salz und den
Eiern tüchtig schlagen, bis der Teig Blasen schlägt. Sollte er zu
fest sein, kann man 1 oder 2 Eßl. kaltes Wasser dazugeben. Den
Teig gibt man etwa 100-g-weise auf ein nasses Spatzenbrett,
streicht ihn dünn zum Brettrand hin und schneidet mit einem
Tischmesser halbzentimeterdünne Streifen ab, die sofort ins kochende Wasser fallen. Hat man eine Partie, also den Teig vom

Brett, als Spätzle im kochenden Wasser, läßt man sie sachte aufkochen, bis sie oben schwimmen. Das Messer soll während des
Schneidens oder Schabens ins Wasser getaucht werden. Dann
fischt man die Spätzle mit einer Schaumkelle heraus und legt sie
sofort in kaltes Wasser. Wenn alle Spätzle fertig sind, schüttet
man sie auf einen Durchschlag, spült sie, wie Nudeln, nochmals
kalt ab und schwenkt sie kurz in heißer Butter warm. Vielleicht
muß man sie noch etwas nachsalzen.

Gebackener Blumenkohl

Für Claus mit viel "Kösn"

*Zutaten (für 4 Personen): 1 großer Blumenkohl,
im Ganzen weich gekocht und abgetropft.
Sauce: 70 g Butter, 4 Eßl. Mehl, 1/8 l Blumenkohl-
brühe, Salz – Zitronensaft, 2 Eigelb, vermischt mit 4
Eßl. süßem Rahm, 50 g Weckmehl, 50 g geriebener
Schweizer Käse, 20 g Butter.*

Zubereitung: Zur Sauce in heißer Butter das Mehl anschwitzen,
mit Blumenkohlbrühe auffüllen, glattrühren und 8 Minuten
sachte kochen, dabei ab und zu umrühren. Eigelbrahm dazumischen und würzen. Die Sauce muß dick sein, damit sie deckt.
Den heißen, abgetropften Blumenkohlkopf in eine Auflaufform
legen, die Sauce darübergießen, mit Weckmehl bestreuen, den
Käse darüber verteilen und die Butter darüberflocken. Bei 220°
in der Backröhre goldgelb überbacken.

Spinatpudding

*Zutaten (für 4 Personen): 45 g Butter, 3 Eigelb – 3
Eiweiß zu festem Schnee geschlagen, 3 Wecken, in
Wasser eingeweicht, 500 g gekochter, fein gewiegter
Spinat, 3 Eßl. Weckmehl, Salz – Muskat.*

Zubereitung: Butter schaumig rühren, die ausgedrückten und
fein gehackten Wecken, die Eigelb, den Spinat und das Weckmehl mit den Gewürzen dazugeben. Zuletzt den Schnee darunterheben. Masse in eine gebutterte, mit Weckmehl ausgestreute
Puddingform füllen, verschließen und im Wasserbad 3/4 Stunde
kochen.

Feine Kartoffelklöße

Zutaten: 60 g Butter, 500 g gekochte, durchgedrückte Kartoffeln, 1 Weck, eingeweicht, ausgedrückt, fein gehackt, 3 Eigelb – 3 Eiweiß, zu festem Schnee geschlagen, Salz – Muskat.

Zubereitung: Butter schaumig rühren, durchgedrückte Kartoffeln und den gehackten Wecken darunter mischen. Eigelb, Salz und Muskat dazurühren und den steifen Eischnee darunterheben. Klößchen formen mit 2 Eßlöffeln und in Butter schwimmend goldgelb backen.

Weiße Rüben

Zutaten (für 4 Personen): 800 g weiße Rüben, geschält, in fingerdicken Scheiben, 50 g Butter, 4 Eßl. Zwiebelwürfel, 1 Eßl. gebrannter Zucker, 1 l Fleischbrühe.

Zubereitung: In heißer Butter die Zwiebeln anrösten, Rübenscheiben dazu geben, etwas salzen und mit Fleischbrühe bedekken. Weich gekocht die Rüben mit etwas gebräuntem Mehl binden und den Zucker darunterrühren.

Weiße Rüben mit Speck

In diesem Fall 6 magere Speckscheiben à 50 g mitkochen.

Bayerische Klöße

Zutaten: 6 altbackene Wecken in dünnen Scheiben, 3/8 l heiße Milch, 20 g Butter, darin angedämpft 4 Eßl. Zwiebelwürfel und 2 Eßl. Petersilie, gehackt, 4 Eier, 4 Eßl. Weckmehl, in Butter geröstet, Salz – Muskat.

Zubereitung: Über die Weckschnitten die heiße Milch gießen, umrühren und 30 Minuten zugedeckt stehen lassen. Dann Zwiebel, Petersilie, Eier, Weckmehl und Gewürze dazumischen. 1 Probekloß machen. Aus dem Teig dann Klöße formen, Durchmesser 4 cm, in kochendes Salzwasser legen, einmal aufkochen lassen und zugedeckt 20 Minuten ziehen lassen. Wenn sie oben schwimmen, sind sie fertig.

Frische Pfifferlinge

Im September frisch auf den Markt!

Zutaten (für 4 Personen): 500 g frische Pfifferlinge, 20 g Butter, 4 Eßl. Zwiebelwürfel, 4 Eßl. frische Petersilie, fein gewiegt, Salz – weißer Pfeffer.

Zubereitung: Die geputzten Pilze kalt waschen, wenn nötig mehrfach, damit keine Tannennadeln mehr dazwischen sind, größere Pilze zerschneiden, auf Durchschlag abtropfen lassen.

In heißer Butter die Zwiebeln andämpfen, Pfifferlinge dazugeben, wenig salzen und zugedeckt sachte dünsten. Nach 10 Minuten sind sie fertig, dann pfeffern und mit frischer Petersilie bestreuen.

Sauerkraut

Zutaten (für 4 Personen): 50 g Schweineschmalz, 8 Eßl. Zwiebelstreifen, 2 Äpfel, geschält, entkernt, in Scheiben, 250 g ungeräucherten oder gepökelten Schweinebauch, 500 g Sauerkraut, Salz – Zucker, 5 Wacholderbeeren – 1 gespickte Zwiebel, ½ l kochendes Wasser.

Zubereitung: Im heißen Schmalz die Zwiebeln und Äpfel hell anbraten. Sauerkraut, locker gezupft, daraufgeben, würzen, mit der Bratengabel umrühren und kochendes Wasser darübergießen, damit das Kraut hell bleibt. Schweinefleisch dazulegen und zugedeckt langsam kochen lassen, bis es weich ist, d.h. es soll nicht zu weich werden, damit es beißbar bleibt. Abschließend einen Schluck Weißwein dazugießen.

Rotkraut mit Maronen

Zutaten (für 4 Personen): 500 g Maronen (Eßka-stanien).

Zubereitung: Eßkastanien auf der runden Seite mit einem Küchen-messer kreuzweise einschneiden und in der heißen Backröhre bei 200° rösten, bis sich die Schale leicht herunterziehen läßt. Die Kastanien dann in leicht gesalzenem Wasser weichkochen, etwa 20 Minuten. Die Kastanien dann von der braunen weichen Schale befreien und durch die Kartoffelpresse drücken. Kasta-nienmus mit etwas Salz, Muskat und wenig Sahne erhitzen und in der Mitte einer Schüssel anrichten. Ringsherum das Rotkraut verteilen.

Spargel

aus Schwetzingen und aus der Gegend um den Tuniberg

Zutaten (pro Kopf): 500 g frischen, daumendicken Spargel, sorgfältig geschält, Wasser, etwas Salz – 1 Prise Zucker.

Zubereitung: Spargel, möglichst frisch gestochen, sofort schälen und zu 500 g bündeln, mit Bindfaden zusammenbinden. Ge-würztes Wasser sachte kochen und Spargel hineinlegen, das Wasser darf nur lächeln, nicht stark kochen. Kochdauer je nach Dicke 15 Minuten. Spargel muß noch beißbar sein, darf also nicht schlaff gekocht werden. Abgetropft sofort auf warmer Plat-te anrichten und zerlassene Butter, auf Stövchen warm gestellt, als Beilage reichen oder Sauce Hollandaise (s.S.76) und Kra-zete (s.S.77), gekochten oder rohen mageren Schinken, dünn geschnitten, oder knusprige panierte Schnitzel vom Kalb.

Getränk: Riesling

Sauce Hollandaise

Zutaten: 3 Eigelb, 2 Eßl. Wasser, Salz – Pfeffer, 250 g Butter, 1/2 Teel. Zitronensaft.

Zubereitung: Die Eigelb mit dem Wasser, einer Prise Salz und Pfeffer mit einem Schneebesen in einem kleinen Topf verrühren und den Inhalt des Topfes im heißen Wasserbad leicht schlagen, bis die Masse anfängt, dick zu werden. Die zerlassene Butter behutsam in die dicke Eiersauce einrühren und mit Zitronensaft würzen. Wer ganz sicher gehen will, gibt zum Eigelb und Wasser einen halben Teelöffel Stärkemehl. Die Sauce darf nie kochen! Sie wird im heißen Wasserbad warm gestellt.

Auch zu Brombeer-Kompott!

Kratzete

Zutaten (für 4 Personen): 150 g Weizenmehl, ³/₈ l Milch, 1 Prise Salz, 4 Eier, Fett zum Backen.

Zubereitung: Das Mehl in der Milch mit Salz glattrühren, Eier dazuschlagen und diesen Teig ganz dünn in wenig heißem Fett, wie zu Pfannkuchen, auf einer Seite goldgelb backen. Den Pfannkuchen umwenden und mit Eßlöffel und Gabel in kleine Streifen zerreißen oder kratzen, daher »Kratzete« (das Wort kommt vom Kratzen der Hühner im Sand), und schwenkend noch recht knusprig backen.

Beliebte Beilage zu Spargel, aber auch zu vielen anderen Gerichten.

Champignons, in Butter gedünstet

Zutaten (für 4 Personen): 50 g Butter, 5 Eßl. Zwiebelwürfel, fein, 500 g Champignonscheiben, vorbereitet, Salz – Muskat – weißer Pfeffer, 2 Eßl. Zitronensaft oder Weißwein.

Zubereitung: In zerlassener Butter die Zwiebelwürfel hell andünsten. Die Champignonscheiben dazuschütten, würzen und zugedeckt ca. 10 Minuten sachte dünsten. Gehackte Petersilie darüberstreuen.

Heidelbeer-Kompott

Zutaten: 2 1/2 Pfd. Heidelbeeren, 500 g Zucker.

Zubereitung: Heidelbeeren mit dem Zucker so lange kochen, bis sie anfangen, dick zu werden.

Brombeeren sammeln im September

Brombeer-Kompott

Kochen wie Heidelbeer-Kompott.

Ganze Erdbeeren, eingemacht

Zutaten: 500 g entkelchte Erdbeeren, nur gesunde Früchte, 500 g Zucker.

Zubereitung: Die entkelchten Erdbeeren mit Kirschwasser beträufeln und zugedeckt stehen lassen.

Zucker mit 1/4 l Wasser aufkochen und abschäumen. Wenn er klar ist, die Erdbeeren hineinschütten, 10 Minuten sachte kochen lassen und dann in Gläser füllen und verschließen.

Zwetschgen, eingemacht

Zutaten: 1 kg Zwetschgen, 750 g Zucker.

Zubereitung: In einem Messing- oder Kupferkessel die entsteinten Zwetschgen langsam kochen lassen. Dann Zucker dazuschütten, umrühren und noch 10 Minuten kochen. In Gläser füllen und wie üblich einkochen.

Auf gleiche Art macht man alle Früchte ein.

Obst in Dampf

Zutaten: Kirschen, entstielt, jedoch mit Kern, Zucker.

Zubereitung: Die vorbereiteten, trockenen Gläser lagenweise mit Kirschen und Zucker füllen, verschließen und im Einkochapparat so lange sachte kochen, bis die Kirschen Saft gezogen haben. So sind sie fertig. Im Einkochtopf kalt werden lassen.

Himbeerschaum von frischen Himbeeren

Für Holger ♡

Zutaten (für 4 Personen): 6 Eiweiß, 5 Eßl. Zucker, 500 g frische, geputzte Himbeeren, 80 g Zucker.

Zubereitung: Eiweiß mit Zucker zu festem Schnee schlagen. Himbeeren mit den 80 g Zucker mischen und unter den Schnee heben. In Glasschale anrichten und mit Makrönchen oder Löffelbiskuits verzieren. Etwas Schwarzwälder Himbeergeist darüberspritzen.

Zucker-Essig-Gurken

Zutaten (für 3 1-l-Gläser): 2 kg Gurken, 1/2 l Essig, 750 g Zucker, 1 Stück Stangenzimt — 20 Pfefferkörner.

Zubereitung: Gurken waschen, schälen, entkernen und in fingerdicke Streifen oder Würfel schneiden. Essig mit Zucker und Gewürzen aufkochen, Gurken darin 15 Minuten sachte kochen, bis sie glasig sind. Gurken in vorbereitete Gläser füllen und Zuckeressig heiß darübergießen. 3 Tage später Flüssigkeit abgießen, 3 Minuten aufkochen und wieder über die Gurken gießen. Gläser mit Zellophanpapier verschließen und kühl aufbewahren.

Süßsaure Birnen

Zutaten (berechnet für 3 Gläser à 1 l Inhalt): 2,5 kg Williams-Christ-Birnen, leichtes Essigwasser, 5 Nelken — 1/2 Stange Zimt — 1 Zitronenspirale, unbehandelt, 1 l Wein- oder Apfelessig, 1/4 l Wasser, 1 kg Zucker.

Zubereitung: Birnen waschen, schälen, der Länge nach halbieren, entkernen und in Essigwasser legen, damit sie weiß bleiben.

81

Essig, Zucker und Wasser mit den Gewürzen kochen, Birnen hineinlegen und sachte weichkochen, so daß sie noch einen Biß behalten. Birnen in vorbereitete Gläser oder Tontöpfe legen, Zuckeressig etwas einkochen lassen und heiß über die Birnen gießen. 3 Tage später Zuckeressig abgießen, aufkochen, 3 Minuten lang, und wieder heiß über die Birnen gießen. Gläser mit Zellophanpapier verschließen und kühl aufbewahren.

Süßsaurer Kürbis

Zutaten (für 4 1-l-Gläser): 2 kg geschälte, entkernte Kürbiswürfel, 1 l Weinessig, 1/4 l Wasser, 625 g Zucker, 8 Nelken – 1 Stück Stangenzimt – 2 Eßl. Senfkörner.

Zubereitung: Die Kürbiswürfel in die vorbereiteten Gläser füllen. Essig, Wasser, Zucker und Gewürze aufkochen und über die Kürbiswürfel gießen. Gläser verschließen und bei 98° ca. 35 Minuten im Backofen oder im Einwecktopf einkochen.

Pflaumen in Essig und Zucker

Zutaten: 1,5 kg Pflaumen, gesunde Früchte, 1/4 l Kräuteressig, 1/8 l Wasser (besser Rot- oder Weißwein), 750 g Zucker, 1 Stück Zimt – 3 Nelken – 1/2 Lorbeerblatt.

Zubereitung: Die Früchte trockenreiben und bis zum Kern aufschneiden. Zuckeressig kochen: Kräuteressig mit Wasser oder Wein, Zucker und den Gewürzen einmal aufkochen. Die Pflaumen hineingeben, einmal aufwallen lassen. Mit einer Schaumkelle die Pflaumen herausnehmen und in einen Steinguttopf füllen. Den Zuckeressig noch etwas eindicken und über die Pflaumen gießen. Wer ganz sicher gehen möchte, mische noch 1/2 Päckchen »Einmachhilfe« darunter. Über die erkalteten Pflaumen Zellophanpapier decken, das vorher in Branntwein oder Zwetschgenwasser getaucht wurde. Gläser oder Töpfe zubinden.

Notizen & weitere Rezepte:

Leckerbissen aus der Schweiz

Rösti

Zutaten (für 4 Personen): Öl und Butter, 600 g gekochte Kartoffeln, kalt, geraffelt oder in dünne Streifen geschnitten, Salz, 2 Eßl. Wasser oder Milch oder Sahne.

Zubereitung: In einer festen Eisenpfanne Öl erhitzen und die Kartoffelstreifen, mit etwas Salz gewürzt, krustig anbraten. Mit einer Spachtel oder einem Eisenlöffel (Palette) die Kartoffeln zu einem halbrunden Kuchen formen. Wenn die eine Seite schön krustig ist, den Kuchen auf einen Deckel schieben und umdrehen. Jetzt auf der anderen Seite ebenso schön braun braten und nach etwa 5 Minuten Wasser, Milch oder Sahne dazugießen, daß es nur so prasselt. Wenn das Zischen aufhört, sind die Rösti fertig. Sie sollen eine zusammenhängende, runde Form haben wie ein an den Seiten abgeflachtes Fleischküchle.

Zur Abwechslung kann man Kümmel, Speck und Zwiebelwürfel daruntermischen.

Basler Käseschnitten

Zutaten (für 4 Personen): 50 g Butter, 8 Scheiben Weißbrot, fingerdick geschnitten, 200 g Zwiebeln, fein gewürfelt, 8 Scheiben Greyerzer Käse.

Zubereitung: In wenig Butter die Zwiebeln hell anrösten. Die Weißbrotscheiben leicht anrösten, darauf die Käsescheiben verteilen und die Zwiebeln darübergeben. Im heißen Ofen bei 200° den Käse sachte schmelzen lassen. Die fertigen Käseschnitten mit etwas Paprika edelsüß bestreuen.

Neuenburger Käsefondue

Zutaten (für 4 Personen): 300 g geriebener Emmentaler, 300 g geriebener Greyerzer, 1 Zehe Knoblauch, geschält, quer durchgeschnitten, 1/2 l herber Weißwein, 1 Kaffeelöffel Stärkepuder, angerührt mit 1 Gläschen Schwarzwälder Kirschwasser, weißer Pfeffer, 1 Prise Muskat, 600 g Weißbrot, in Würfeln wie zu Gulasch.

Zubereitung: Den Cauquelon (flacher, feuerfester Keramiktopf mit Griff) mit der Knoblauchzehe ausreiben, den Weißwein hineingießen und erhitzen. Langsam den Käse dazurühren und, wenn die Mischung aufkocht, das in Kirschwasser angerührte Stärkepuder einrühren. Noch 2 Minuten kochen, würzen und den Cauquelon auf die Spiritusflamme stellen, damit die Masse heiß bleibt. Jetzt steckt man die Weißbrotwürfel auf die Gabel und dreht sie in der Käsemasse.

Rheinsalm,
»wie die Basler ihn schätzen«

Zutaten (für 4 Personen): 50 g Öl, 4 Scheiben Lachs à 200 g, küchenfertig, Salz – weißer Pfeffer, Zitronensaft, 2 Eßl. Mehl, 50 g Butter, 8 Eßl. Zwiebelstreifen.

Zubereitung: Die Lachsscheiben mit Salz, Pfeffer und Zitronensaft würzen und in Mehl drehen. Im heißen Öl von beiden Seiten je 5 Minuten goldgelb braten, in Butter nachbraten. Lachs auf warmer Platte anrichten und in der Butter die Zwiebeln rösten, dann über dem Lachs in der Mitte verteilen.

Beilage: Salzkartoffeln, bestreut mit gehackter Petersilie.

Getränk: Gutedel

Geschnetzeltes Kalbfleisch

Zutaten (für 4 Personen): 800 g zartes Kalbfleisch von der Nuß, 2 Eßl. Butterschmalz, 1 Eßl. Zwiebelwürfel, fein, 1 Teel. Mehl, etwas heiße Brühe, Salz – Pfeffer, 1 Schuß Weißwein oder Rahm, 1 Eßl. Petersilie, frisch gehackt.

Zubereitung: Fleisch enthäuten und in feine, kleine Scheibchen schneiden. Zwiebel im Butterschmalz weichdünsten, Fleisch beifügen und auf großem Feuer unter öfterem Wenden schnell überbraten, bis es die rosa Farbe verloren hat. Mit Mehl bestäuben, wenig Brühe zugießen, einmal aufkochen, zart würzen, mit einem Schuß Weißwein oder Rahm verfeinern und mit gehackter Petersilie bestreuen.

Beilage: Bratkartoffeln und grüner Salat.

Getränk: Riesling und Sylvaner

Basler Lümmeli (Rindsfilet)

Zutaten (für 4 Personen): 50 g Fett, 1000 g Rindsfilet, Mittelstück, üppig gespickt, Salz – schwarzer Pfeffer, 300 g Karottenscheiben (Ruebli), 30 g Butter, 200 g Sellerieknolle, geschält, in Scheibchen geschnitten, 100 g Zwiebelstreifen, 1/8 l Weißwein.

Zubereitung: Im heißen Fett das gewürzte Fleisch ringsherum scharf anbraten und in die heiße Backröhre schieben. Ab und zu begießen und 10 Minuten braten. Gemüse dazugeben und das Fleisch darauflegen. Nochmals 15 Minuten braten. Die Butter über das Fleisch flocken. Fleisch herausnehmen und heiß stellen. Weißwein über das Gemüse gießen und noch 5 Minuten kochen. Sauce durch ein Sieb passieren. Gemüse an die Seite des aufgeschnittenen Fleisches legen. Sauce abschmecken mit Suppenwürze und in einer Sauciere dazustellen.

Beilage: geröstete Kartoffeln.

Getränk: Spätburgunder

Notizen & weitere Rezepte:

Forelle in Riesling

Zutaten (für 4 Personen): 4 küchenfertige Forellen à 250 g, 50 g Butter, 4 Eßl. feine Zwiebelwürfel, 1/4 l Riesling (Weißwein), 1/8 l dicken sauren Rahm, 4 große Champignonköpfe, Salz – weißer Pfeffer, 4 Blätterteighalbmonde (Fleurons), fertig beim Konditor zu kaufen.

Zubereitung: In einer feuerfesten Form in zerlassener Butter die Zwiebelwürfel kurz andünsten, etwas mit Salz und Pfeffer würzen.

Die Champignonköpfe kurz in wenig Wasser mit etwas Weißwein aufkochen.

Die gewürzten Forellen auf die Zwiebelwürfel legen, den Weißwein und den Champignonsud dazugießen und mit Alufolie zugedeckt in der heißen Backröhre 10 Minuten dünsten. Dann die Forellen herausnehmen, vorsichtig die Haut zwischen Kopf und Schwanz auf beiden Seiten abziehen und auf eine warme Platte legen. Zugedeckt warmstellen. Unter den Zwiebelsud die dicke Sahne rühren, aufkochen, bis er anfängt dick zu werden. Etwas Butter untermischen und über die Forellen decken. Die Champignonköpfe an den Rand legen und die warmen Fleurons dazulegen.

Getränk: Riesling

Protur's Lieblingsessen!

Garniertes Sauerkraut

Zutaten (für 4–8 Personen): 100 g Schweineschmalz, 200 g Zwiebelscheiben, 200 g geschälte, entkernte Apfelscheiben, 3000 g Sauerkraut, hell, locker gezupft, Salz – 1 Prise Zucker, 1 l kochendes Wasser, 1 gespickte Zwiebel (an 1 geschälte Zwiebel mit 2 Nelken 1 Lorbeerblatt stecken), 3 Zehen Knoblauch, geschält, klein geschnitten, 6 Wacholderbeeren, 1/2 l Sylvaner (Weißwein), 8 Scheiben frischen oder geräucherten Bauchspeck à 80 g, 8 Stück Pökelrippchen à 80 g.
Garnitur: 1 Eisbein, mittelgroß, 800 g geräucher-

tes Schäuferle, beides zusammen in Brühe gekocht,
8 Paar Knackwürste (nur heiß legen, nicht kochen,
sonst platzen sie), 10 Leberknödel

Sauerkrautzubereitung: Im heißen Schweine- oder Gänseschmalz die Zwiebeln mit den Äpfeln hell andünsten, Sauerkraut dazugeben, würzen und mit der Bratengabel umrühren. Kochendes Wasser darübergießen, dann bleibt es hell. Gespickte Zwiebel, Knoblauch und Wacholderbeeren hineingeben und den Weißwein dazugießen. Speckscheiben und Pökelrippchen in das Kraut stecken, das Fleisch muß bedeckt sein. Zugedeckt sachte 2 Stunden kochen, am besten in der Backröhre. Wenn es fertig ist, das Kraut auf großer Platte anrichten, kranzförmig umlegen mit Speckscheiben, Rippchen, Knackwürsten, Schäufelescheiben und Leberknödeln. Als Krönung das Eisbein. Über die Leberknödel noch gebräunte Zwiebelwürfel decken.

Beilage: Salzkartoffeln oder Kartoffelbrei.

Dazu schmeckt entweder Riesling oder frisches Bier und reichlich Schwarzwälder Kirschwasser.

Quiche Lorraine *Primer Geschmacker!*

Zutaten (für 4 Personen): Mürbteig: 250 g Mehl,
125 g Butter oder Margarine, $^1/_2$ Teel. Salz, 1 Glas
Wasser.
Füllung: 200 g Reibkäse, 2 Scheiben Speck, 1
Scheibe Schinken, 20 g Butter, 1 Tasse dicken
Rahm, 2 Eier, Salz – Pfeffer.

Zubereitung: Teig rund ausrollen und eine gefettete Kuchenform damit auslegen. Boden mit einer Gabel leicht anstechen und den Käse gleichmäßig darauf verteilen. Speck und Schinken feinhacken, in Butter anbraten und über den Käse streuen. Eier und Rahm verquirlen, kräftig würzen und über die Füllung gießen. Bei mittlerer Hitze backen, bis der Teig mürbe und die Füllung fest ist.

Dazu schmeckt ein Glas Rotwein.

Cervelatwurst-Salat

(Cervelatwürste kann man mit unseren Knackwürsten verglei-
chen und schmecken, so zubereitet, herrlich).

*Zutaten (für 4 Personen): 4 Paar Cervelatwürste,
jedes Stück enthäutet und längs durchgeschnitten.
Die runde Seite, nach oben zeigend, einschneiden so
tief es geht, aber nicht durchschneiden, 6 Eßl. Zwiebelwürfel, 4 Tomaten, in Ecken geschnitten, Kopf-
salatblätter, 4 hartgekochte Eier, kalt, geschält, der
Länge nach halbiert.*
*Sauce: 1/8 l Essig, etwas Wasser, Salz – weißer Pfef-
fer – 1 Prise Zucker, Öl, 1 Eßl. gehackte Petersilie.*

Zubereitung: Eine Platte mit Kopfsalatblättern auslegen, die
Würste mit der runden Seite nach oben zeigend darauf verteilen.
An den Rand die halben Eier mit dem Eigelb nach oben legen,
mit Tomatenecken seitlich schmücken, die Zwiebelwürfel darüberstreuen und die Sauce darauf verteilen.

Münster-Käs

Das ist der typische Elsässer Käse, den man gern mit Kümmel
mischt. Dazu trinkt man weißen Wein.

Wem er mit Rotwein besser schmeckt, wird deshalb nicht ver-
achtet!

Straßburger Zwiebelsuppe

*Zutaten (für 4 Personen): 50 g Butter, 400 g Zwie-
belstreifen, 3 Eßl. Weizenmehl, 1 l Fleischbrühe,
Salz – weißer Pfeffer – Suppenwürze, 1/8 l herber
Elsässer Weißwein.*

Zubereitung: In der heißen Butter die Zwiebeln hell anrösten,
mit Mehl bestäuben, weitere 2 Minuten zusammen rösten, dann
mit der Fleischbrühe auffüllen. 20 Minuten kochen, würzen und
mit dem Weißwein vermischen.

Elsässer Kartoffelsuppe

Zutaten (für 4 Personen): 50 g Speckwürfel, 100 g Lauchstreifen, 100 g Zwiebelstreifen, 300 g Kartoffelwürfel, roh, 1 l Fleischbrühe, Salz – Muskat – weißer Pfeffer, 1/8 l sauren Rahm, 2 Eßl. gehackte Petersilie.
Kracherle: 8 Eßl. Weißbrotwürfel, in Butter goldgelb geröstet.

Zubereitung: Im ausgelassenen Speck Lauch, Zwiebeln und Kartoffeln anrösten. Fleischbrühe auffüllen und sachte kochen, bis alles breiig ist. Suppe durch ein Sieb passieren, mit saurem Rahm vermischen, würzen und abschmecken. In heiße Teller füllen, die *Kracherle* darauf verteilen und die Petersilie darüber streuen.

Schneckensuppe

Zutaten (für 4 Personen): 20 g Butter, 4 Eßl. Zwiebelwürfel, fein, 3 Zehen Knoblauch, geschält, fein gehackt, 2 Eßl. Petersilie, fein gehackt, 24 Schnecken, 1/8 l Weißwein, 4 Eßl. Mehl, 1 l Fleischbrühe, Salz – weißer Pfeffer, 3 Eigelb, vermischt mit 1/8 l süßem Rahm.

Zubereitung: In heißer Butter Zwiebeln, Knoblauch, Petersilie und Schnecken andünsten, Mehl darüberstäuben und 5 Minuten mitrösten. Mit Weißwein ablöschen und mit Fleischbrühe auffüllen. 10 Minuten sachte kochen, vom Feuer nehmen, würzen und mit Eigelbsahne vermischen. Auf die fertige Suppe noch Weißwein tröpfeln.

Elsässer Rahmbrotsuppe

Zutaten (für 4 Personen): 1 1/2 l Wasser, 250 g trockene Schwarzbrotstücke, Salz – schwarzer Pfeffer – Muskat, 50 g Butter, 1/8 l süßer Rahm, verrührt mit 1 Ei.

Zubereitung: Im kochenden Wasser mit etwas Salz das Schwarzbrot sachte 10 Minuten kochen, bis sich das Brot mit dem Schneebesen breiig verrühren läßt. Suppe vom Feuer nehmen, Butter dazugeben, würzen und den Eierrahm darunterrühren.

Kutteln »Elsässer Art«

Zutaten (für 4 Personen): 50 g Schmalz, 8 Eßl. Zwiebelstreifen, 400 g Tomaten, abgezogen, in Viertel geschnitten, 4 Zehen Knoblauch, geschält, geschnitten, 400 g Kuttelstreifen, weich gekocht, 200 g Kalbfußstreifen, weich gekocht, ¼ l Fleischbrühe, Salz – weißer Pfeffer – Oregano – Rosmarin, 4 Eßl. Stärkepuder, angerührt in 6 Eßl. Rotwein, 3 Eßl. Weinbrand.

Zubereitung: Im heißen Schmalz die Zwiebelstreifen andünsten, Tomaten dazugeben und den Knoblauch dazurühren. Die Kuttel- und Kalbfußstreifen dazugeben und 5 Minuten zusammen dünsten. Mit Fleischbrühe auffüllen, aufkochen und mit dem angerührten Stärkepuder binden. Einmal aufkochen und würzen. Weinbrand zufügen, dann nicht mehr kochen.

Übrigens kann man die Kalbfußstreifen noch ergänzen mit einem Teil von Schweinsfüßlestreifen. So schmeckt das Gericht noch herzhafter.

Straßburger Gänseleber in der Terrine

Zutaten (für 4 Personen): 500 g Gänseleber, ohne Sehnen und Galle, Salz – weißer Pfeffer – Pastetengewürz (fertig zu kaufen), 8 Eßl. Weinbrand, vermischt mit 8 Eßl. Madeira, 50 g Trüffeln, in Stücke geschnitten, 100 g dünne Scheiben fetten, ungeräucherten Speck, ohne Schwarte.
Farce: 500 g Schweineelendchen, 200 g fetten Bauchspeck, ungeräuchert, Salz – weißer Pfeffer – Pastetengewürz.

Zubereitung: Fleisch und Speck durch die feine Scheibe des Wolfes drehen oder beim Metzger schon fertig kaufen, mit Salz, weißem Pfeffer und etwas Pastetengewürz würzen.

Einen Steintopf legt man mit dünnen Speckscheiben aus, bestreicht sie mit der Farce und legt in die Mitte die abgetropfte Gänseleber mit den Trüffeln hinein, deckt sie mit der restlichen Farce zu und legt die übrigen Speckscheiben darüber. Im Wasserbad kocht man nun sachte die gefüllte Terrine, bis das Fett klar an die Oberfläche steigt, das dauert etwa 60–80 Minuten. Kalt entfernt man die Speckscheiben, streicht die Oberfläche glatt und gießt Schweineschmalz, beinahe kalt, darüber. Mit Alufolie verschließen und 3 Tage kühlstellen.

Beilage: warmer, goldgelber Toast.

Getränk: Gewürztraminer oder Gutedel.

Hahn in Riesling

Zutaten (für 4 Personen): 1 junger Hahn, 3 Pfd. schwer, küchenfertig, in 8 Stücke geschnitten, 50 g Butter, 4 Eßl. feine Zwiebelwürfel, 1/2 l Riesling (Weißwein), 100 g frische Champignons in Scheiben, 4 cl Weinbrand, 1/8 l dicken sauren Rahm, Salz – weißer Pfeffer.

Zubereitung: In heißer Butter die Hähnchenstücke hell anbraten, Zwiebelwürfel dazugeben, umrühren, Weinbrand darübergießen und anzünden. Champignonscheiben darüberschütten, den Wein auffüllen, umrühren und zugedeckt 1/2 Stunde langsam kochen. Wenn die Hähnchenteile weich sind, herausnehmen und warmstellen.

Die Sauce mit dem Rahm vermischen und etwas einkochen. Sie soll decken. Sollte die Sauce nicht dick genug sein, rührt man 1 Eßl. Stärkepuder mit Weißwein an und rührt es unter die kochende Sauce. Einmal aufkochen und die Sauce dann über die Hähnchenteile decken.

Beilage: Spätzle oder *breite Nudeln.*

Getränk: Riesling

Straßburger Backeofe

Zutaten (für 4–6 Personen): 400 g Schweineschulter, ohne Schwarte und Knochen, in Gulaschgröße geschnitten, 400 g Hammelschulter, ohne Knochen, ebenso geschnitten, 400 g Zwiebelstreifen, 600 g Kartoffelscheiben, geschält, roh, 5 Zehen Knoblauch, geschält, grob gehackt, Salz – weißer Pfeffer – Muskat, 1/4 l herben Elsässer Wein, 50 g Butter.

Zubereitung: Eine feuerfeste Form mit Deckel, am besten den Schlemmertopf aus Ton, schichtweise mit Fleisch, Zwiebeln und Kartoffeln, vorher gewürzt, füllen, als Abschluß Kartoffeln. Wein darübergießen und Butter darauf verteilen. Zudecken und im Backofen 2 Stunden dünsten.

Herber weißer Wein schmeckt am besten dazu.

Getränk: Zwicker

Makkaroni oder Nudeln »Elsässer Art«

Zutaten (für 4 Personen): 800 g gekochte, klein geschnittene Makkaroni, 1/4 l Bechamelsauce (weiße Sauce mit Milch), 100 g Schinkenwürfel, gekocht, mager, 50 g gekochtes Hühnerfleisch, gewürfelt, 50 g geriebener Käse.

Zubereitung: In der Sauce mischt man Makkaroni mit Schinken- und Hühnerwürfeln, würzt mit Salz und Muskat und gibt diese Mischung in eine feuerfeste Form, bestreut mit geriebenem Käse und läßt alles im Backofen bei 250° ca. 30 Minuten goldgelb überbacken.

Nudeln wie in Straßburg (meistens zur Hochzeit)

Zutaten: 500 g Mehl, 3 Eier, 6 Eigelb, 1 Teel. Salz, Butter zum Abglänzen.

Zubereitung: Mehl als Brunnen aufs Brett formen. Die Eier hineingeben und das Salz. Den Teig kneten und glattreiben. Den fertigen Teig als dicke Wurst in Alufolie 1 Stunde ruhen lassen, ihn nach und nach in 60 g schwere Stücke schneiden, rund wie der Bäcker die Brötchen formt, den Teig zur Kugel drehen und mit wenig Mehl auf dem Brett hauchdünn ausrollen. Teigplättchen auf Pergamentpapier legen und eine halbe Stunde trocknen lassen. Dann zusammenrollen und in dünne oder breitere Streifen schneiden. Die Streifen in wenig gesalzenem Wasser 5–10 Minuten kochen, es kommt auf die Breite an. Die fertigen Nudeln (sie sollen noch einen Biß haben) auf einen Durchschlag gießen, kalt abbrausen, dann in zerlassener Butter heiß schwenken.

4 Eßl. ungekochte Nudeln läßt man zurück, röstet sie goldgelb in Butter an und streut sie über die angerichteten Nudeln.

Man kann freilich auch Semmelbrösel in Butter anrösten und darüber verteilen.

Spargel im Elsaß

Zu gekochtem Stangenspargel gibt es als Beilage Kratzete, gekochten und rohen Schinken, dünn geschnitten, zerlassene Butter oder Sauce Hollandaise.

Man ißt erst den Spargel mit der Butter oder der Sauce, dann die Kratzete und dann den Schinken.

Man will von jedem Teil der Mahlzeit den eigenen Geschmack erleben und nichts auf der Zunge mischen, was nachher ohne kulinarisches Abenteuer im Magen sowieso erfolgt.

Getränk: Riesling

Notizen & weitere Rezepte:

Notizen & weitere Rezepte:

fig · 13

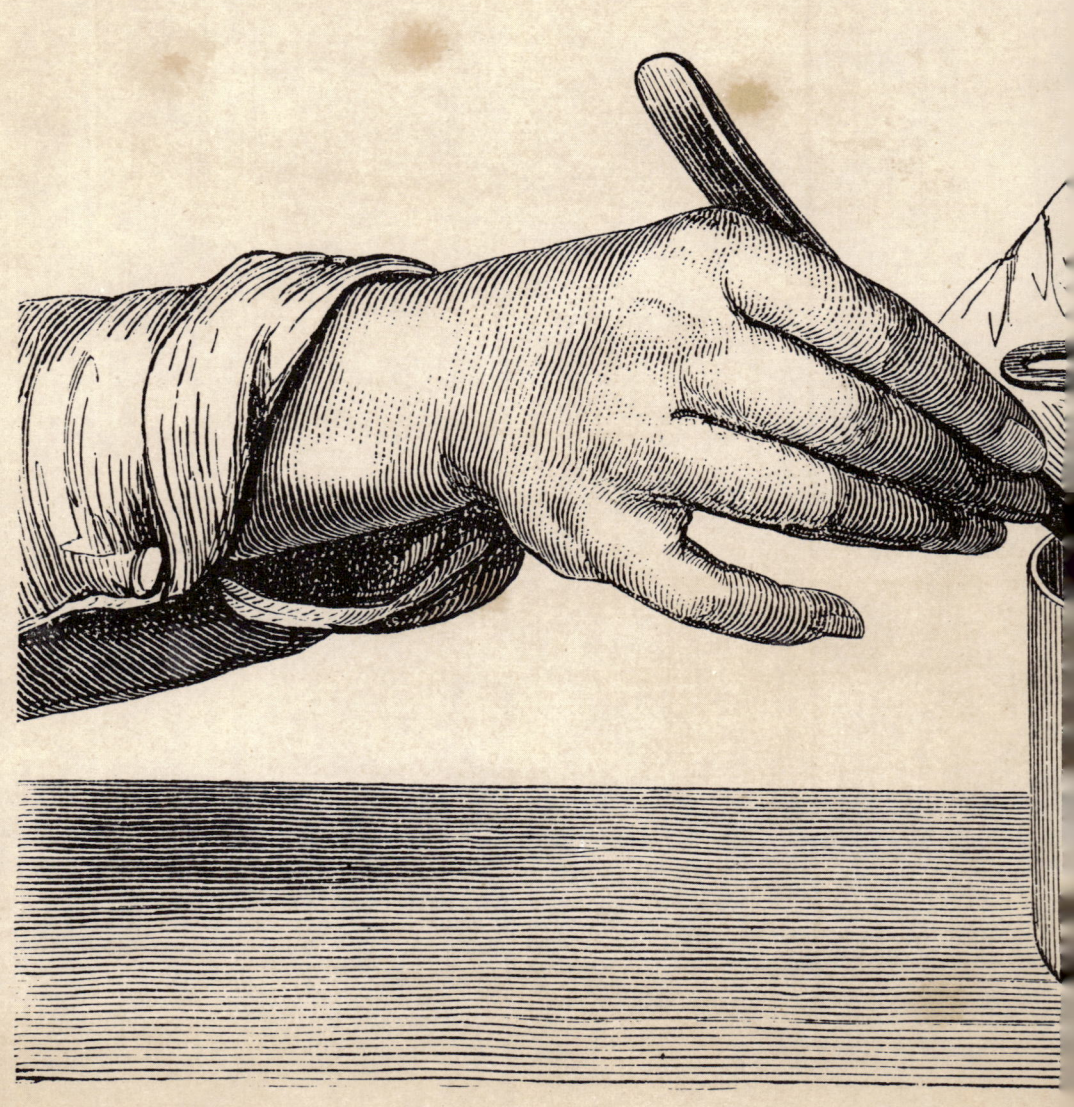

Marmeladen – Gelees

Quittengelee

Zutaten zur Saftbereitung: 3 kg Quitten, 2 l Wasser,
1/2 Stange Zimt – 2 Nelken – 1 Stückchen Ingwer-
wurzel.

Zubereitung: Quitten mit einem Tuch abreiben, schälen und entkernen. Schalen und Kerngehäuse mit dem Wasser langsam kochen, die Gewürze dazugeben und 1 Stunde kochen lassen.

Einen Schemel mit 4 Beinen so auf den Tisch stellen, daß die
Beine in die Luft zeigen. Über die Beine ein Passiertuch binden
und eine Schüssel darunterstellen. Saft mit Schalen und Kerngehäuse in das Tuch gießen und den Saft ablaufen lassen, ohne
zu rühren. So bleibt er klar.

Zutaten zum Gelee: 3/4 l Quittensaft, 250 g Zucker,
1 Normalflasche Geliermittel, 10 g Citropekt.

Zubereitung: Quittensaft mit Zucker und Citropekt aufkochen,
Geliermittel hineingießen, einmal aufkochen lassen und sofort
das heiße Gelee in vorbereitete kleine Gläser (450 g Inhalt) füllen. Direkt auf das Gelee ein zurechtgeschnittenes Zellophanpapier, vorher in Schnaps getaucht, legen und mit Einmachhaut
das Glas verschließen. Einen Gummi über die Einmachhaut ziehen.

Etikett bitte nicht vergessen: »Quittengelee Jahrgang 197.«

Kürbismarmelade

Zutaten: 1500 g Kürbismus, 2000 g Zucker, 1
Normalflasche Geliermittel, 20 g Citropekt, 1 Stange
Zimt – 4 Nelken – 1 Stück Ingwerwurzel.

Zubereitung: Kürbismus mit Gewürzen und Zucker langsam
zum Kochen bringen, 10 Sekunden sprudelnd kochen lassen, das
Geliermittel hineingießen, einmal aufkochen und die Marmelade heiß in Gläser füllen (s. Quittengelee, S.104).

Gibt's im Park.

Holunderbeermarmelade

Zutaten: 1500 g Holunderbeeren, 2000 g Zucker, 1 Normalflasche Geliermittel, 20 g Citropekt.

Zubereitung: Abgezupfte Holunderbeeren mit Zucker und Citropekt langsam aufkochen, umrühren, 10 Sekunden kochen lassen und dann das Geliermittel hineingießen. Einmal aufkochen und heiß die Marmelade in Gläser füllen.

Zwetschgenmarmelade

Zutaten: 2000 g Zwetschgen, entsteint, gewogen, 2500 g Zucker, 1 Normalflasche Geliermittel, 10 g Citropekt.

Zubereitung: Zwetschgen mit Zucker und Citropekt langsam durchkochen, 10 Sekunden sprudelnd kochen lassen, Geliermittel hineingießen, einmal aufkochen lassen und die Marmelade sofort in Gläser füllen (s. Quittengelee, S.104).

Stachelbeermarmelade aus unreifen, grünen Beeren

Zutaten: 2250 g Stachelbeeren, gewogen, geputzt, 1/4 l Wasser, 3000 g Zucker, 1 Normalflasche Geliermittel.

Zubereitung: Früchte im Mixer zerkleinern oder durch den Wolf drehen, mit Zucker und Wasser zum Kochen bringen, 10 Sekunden sprudelnd kochen lassen, dann das Geliermittel hineingießen und einmal aufkochen. Marmelade heiß in Gläser füllen (s. Quittengelee S.104).

Sauerkirschmarmelade

Zutaten: 1500 g Sauerkirschen, ohne Stiel und Kern, 2000 g Zucker, 1 Normalflasche Geliermittel, 10 g Citropekt.

Zubereitung: Kirschen im Mixer zerkleinern oder durch den Wolf drehen, mit Zucker und Citropekt 10 Sekunden kochen lassen, Geliermittel dazugießen, einmal aufkochen und die Marmelade sofort heiß in Gläser füllen (s. Quittengelee, S.104).

Schmeckt köstlich

Erdbeermarmelade ohne Kochen, kalt gerührt

Zutaten: 500 g Erdbeeren, rasch kalt gewaschen, abgezupft, 500 g Zucker.

Zubereitung: Die Erdbeeren im Mixer pürieren. Nach 1 Minute durch die Öffnung im Deckel nach und nach Zucker hineingeben und 10 Minuten den Motor laufen lassen. Das Einmachgut in Gläser füllen, 12 Stunden kühl stellen, auf die Marmelade ein rundes Zellglasblatt legen, das zuvor in 54 prozentigen Rum getaucht wurde, und Gläser zubinden.

Auf gleiche Weise sind zu verarbeiten: Rhabarber, Träubelesbeeren, Stachelbeeren, Himbeeren, Brombeeren und Heidelbeeren.

Hagebuttenkonfitüre
(Hagebutten sind die Früchte der Heckenröschen)

Hagebutten entkernen und die Schalen durch ein Sieb treiben oder im Mixer pürieren. Auf 500 g Hagebuttenmark rechnet man 500 g Zucker. Beides 1 Stunde mit Einmachhilfe rühren und in Gläser füllen. Mit Zellophanpapier, das man vorher in Kirschwasser taucht, belegen und die Gläser verschließen.

Notizen & weitere Rezepte:

fig · 14

Desserts

Apfelkrapfen

Zutaten: Pro Kopf 1 Apfel, geschält, entkernt, in fingerdicke Scheiben geschnitten, etwas gezuckert und mit Kirschwasser beträufelt. 1 Stunde ziehen lassen.
Backteig: 125 g Weizenmehl, 1 Ei, 1 Prise Salz, 1 Eßl. Zucker, 2 Eßl. Öl, 1/4 l helles Bier, 2 Eiweiß, zu festem Schnee geschlagen, Fett zum Backen.

Zubereitung: Im Bier das Mehl mit Salz und Zucker glattrühren, das Ei hinzufügen und glattschlagen. Teig mit Gummischaber zusammenputzen und Öl daraufgießen. Dann 1 Stunde ruhen lassen. Danach den Teig umrühren und den festen Schnee nur darunterheben.

Apfelscheiben durch den Backteig ziehen und im heißen Fett goldgelb backen. Wenn sie oben schwimmen, sind sie fertig. Abgetropfte Apfelkrapfen in Zimtzucker drehen und heiß servieren.

Schwarzwälder Kirschwasserauflauf (Soufflee)

Zutaten (für 4 Personen): 50 g Butter, 50 g Mehl, 1/8 l Milch, 80 g Zucker, 5 Eigelb, 5 Eiweiß, mit etwas Zucker zu festem Schnee geschlagen, 1 Päckchen Vanillinzucker, 8 cl. Schwarzwälder Kirschwasser.

Zubereitung: In die zerlassene Butter das Mehl geben, glattrühren und auskühlen lassen.

Milch mit Vanillinzucker und Zucker aufkochen. Alles über die Mehlbutter gießen und mit einem Schneebesen glattrühren. Nochmals auf dem Feuer aufkochen und dabei rühren. Eigelb darunterrühren und das Kirschwasser dazugießen. Den festen Eischnee darunterheben.

Eine Auflaufform mit senkrechtem Rand, gebuttert und mit Puderzucker bestreut (Form umdrehen, damit überflüssiger Zucker herausfällt), dreiviertel voll füllen und die Oberfläche glattstreichen. Auf Backblech auf Mittelschiene bei 200° ca. 25 Minuten backen. Fertigen Auflauf, mit Puderzucker bestreut, auftragen.

Omelettes

Zutaten: 100 g gesiebtes Mehl, ¹/₄ l Milch, 1 Prise
Salz, 6 Eigelb, Eiweiß zu festem Schnee geschlagen.

Zubereitung: In die Milch das Mehl mit Salz rühren, Eigelb dazugeben, gut verrühren und den steifen Schnee darunterheben. In einer Pfanne mit Butter dünne Pfannkuchen backen, je Seite 4 Minuten, zusammenklappen und auf warmer Platte anrichten.

Omelettes mit Konfitüre

Die Omelettes füllt man sofort nach dem Backen auf einem flachen warmen Teller mit eingemachter Johannisbeer- oder Himbeerkonfitüre, rollt sie zusammen, legt sie auf eine warme Platte und streut Zucker darüber.

Erdbeercreme

Zutaten (für 4 Personen): 1¹/₂ kg Erdbeeren, entkelcht, püriert, 625 g Zucker, 1 l süßen Rahm, 30 Blatt rote Gelatine.

Zubereitung: Man weicht die Gelatine in kaltem Wasser ein, nimmt sie aufgeweicht heraus, gibt sie in ein Töpfchen und läßt sie im heißen Wasserbad zerlaufen. Beinahe erkaltet rührt man sie dann unter die Früchte.

Die pürierten Erdbeeren mit Zucker 1 Stunde rühren, Rahm dazumischen und die aufgelöste Gelatine rühren, bis die Creme anfängt zu stocken. Um das Stocken zu beschleunigen, kann man die Schüssel in gehacktes Eis stellen. Fertige Creme in eine Form gießen, die kalt ausgespült und mit Zucker ausgestreut wurde. Mindestens 3 Stunden kaltstellen. Gestürzte Erdbeercreme mit Schlagrahmrosetten schmücken.

111

Schokoladenbutter

*Zutaten: 150 g Butter, 150 g Zucker, 6 Eier, 1
Stange Vanille, ausgekratzt, 150 g Schokolade, lauwarm zerlaufen, 8 Eßl. Mokka.*

Zubereitung: Eier mit Vanille und Zucker vermischen und im
heißen Wasserbad einmal warm und dann kalt schlagen. Butter
mit Schokolade verrühren und mit Mokka glattrühren. Die
kalte Eimasse darunterziehen, in Glasschale füllen und kaltstellen.

Apfelschnee

*Haben wie früher
immer gemacht*

*Zutaten (für 4 Personen): 8 Äpfel, 2 Eiweiß, 125 g
Zucker, 12 Makrönchen.*

Zubereitung: Die geviertelten Äpfel zugedeckt in der warmen
Backröhre bei 200° weichkochen. Die Äpfel noch warm durch
ein Sieb drücken und ausgekühlt mit etwas Vanillezucker würzen. Eiweiß zu festem Schnee schlagen, Zucker und den kalten
Apfelbrei darunter mischen. Alles zusammen noch 10 Minuten
mit dem Schneebesen schaumig schlagen. Apfelschnee in eine
Glasschale füllen und den Rand mit Makrönchen schmücken.

Zimtwaffeln

*Zutaten: 125 g Butter, 125 g Zucker, 2 Eier, 1 Tee-
löffelspitze Zimtpulver, 250 g Mehl.*

Zubereitung: Butter schaumig rühren, Zucker, Eier und Zimt
dazurühren und das Mehl. Mirabellengroße Kugeln aus dem
Teig formen und im Waffeleisen, vorher mit Speck ausgerieben,
auf beiden Seiten braun backen.

Apfelkratzete

*Zutaten (für 4 Personen): Teig: ³/₈ l Milch, 250 g
Mehl, 4 Eier, 1 Prise Salz.
500 g Äpfel, geschält, entkernt, in Scheiben geschnitten, 50 g Butter.
Zucker zum Überstreuen.*

Zubereitung: In zerlassener Butter die Äpfel mit etwas Zucker andünsten. In der Milch das Mehl glattrühren und mit den aufgeschlagenen Eiern und der Prise Salz mit einem kleinen Schneebesen vermischen. Teig über die Äpfel gießen und alles zusammen goldgelb braten. Fertige Apfelkratzete auf warme Dessertteller verteilen und mit Zucker bestreuen.

Kaufen ich zum 1. Advent machen

Apfelstrudel

Zutaten (für 12 Portionen): 350 g bestes Weizenmehl, 1 Ei, 1 Prise Salz, 1 Eßl. Öl, ¼ l lauwarmes Wasser, 4 Eßl. Mehl zum Bearbeiten, Öl zum Bestreichen.
Füllung:
100 g Butter, zerlassen, lauwarm, 150 g Semmelbrösel, in etwas Butter leicht angeröstet, 2 kg Äpfel, geschält, entkernt, in feinen Streifen, 70 g Rosinen, 1 Prise gemahlenen Zimt – 1 Prise Nelken, 150 g Zucker, Saft einer halben Zitrone, 1 Eßl. Rum, ⅛ l steife Schlagsahne ohne Zucker, Staubzucker zum Bestreuen, 100 g zerlassene Butter zum Beträufeln.

Zubereitung: Das gesiebte Mehl auf dem Backbrett zu einem Kranz formen und in die Mitte Salz, Ei, Öl und Wasser geben. Von innen her die Feuchtigkeit mit dem Mehl zusammenwirken, den Teig dann so bearbeiten, daß er sich vom Brett und den Händen löst. Aus dem Teig eine Kugel formen, auf eine mit Mehl bestreute Stelle des Brettes legen, damit der Teig keinen Riß bekommt. Dann 20 Minuten ruhen lassen. Einen Tisch mit einem Tuch bedecken, das Tuch mit Mehl bestäuben, den Teig in die Mitte legen, dann mit einem Wellholz leicht ausrollen. Die Oberfläche mit Öl bestreichen und den Teig mit bemehltem Handrücken so ausziehen, daß der ganze Tisch damit überdeckt ist. Er muß so dünn sein, daß man fast eine Zeitung durch ihn lesen kann. Den Teig mit zerlassener Butter beträufeln, die eine Längsseite mit den angerösteten Bröseln bestreuen, darüber die Apfelschnitze, dann die Nüsse, Rosinen, Zucker, Zimt, Zitronensaft und den Rum geben. Diesen Apfelhügel mit zerlassener Butter beträufeln, die Schlagsahne gleichmäßig darauf verteilen, den übrigen Teig mit Hilfe des Tischtuches über die ganze Füllung rollen und das Mehl mit einem Pinsel leicht abbürsten. Die Füllung sollte stramm eingerollt sein. Den Strudel, wenn nötig, in gleiche Teile schneiden, auf ein gut gefettetes Backblech legen, mit Butter bestreichen und im Backofen bei mittlerer Hitze etwa 30–40 Minuten backen. Ab und zu mit Butter überpinseln, dies wiederholen, bevor der Strudel serviert wird, und mit Puderzucker dick bestäuben.

Apfelstrudel ist ein Hochgenuß – warm oder kalt.

Für Claus & Holger dazu eiskalte Vanillesauce!

Notizen & weitere Rezepte:

fig · 15

Kuchen – Gebäck

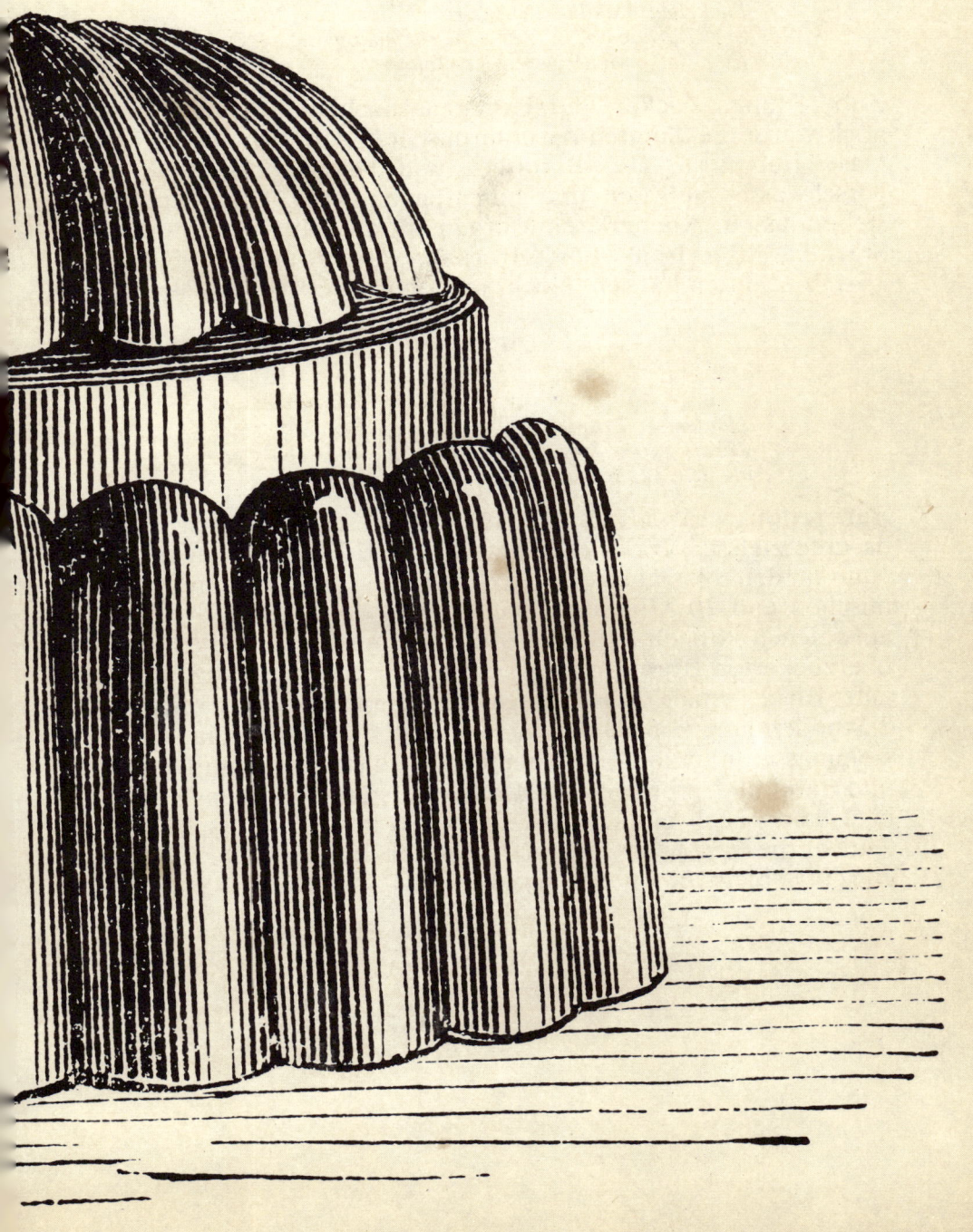

Basler Lebkuchen

Zutaten: 500 g Honig, 250 g Zucker, 100 g süße Mandeln, geschält, grob gemahlen, 75 g Zitronat, 75 g Orangeat, beides fein gewürfelt, 10 g Pottasche, 10 g Hirschhornsalz, 1 Likörglas Kirschwasser, 2 Päckchen Vanillinzucker, 10 g Zimt, 4 g Nelken, 5 g Kardamon, 2 Zitronenschalenabgeriebenes, 2 Eier, 750 g Mehl, viereckige Oblaten.

Zubereitung: Zucker und Honig aufkochen, abkühlen lassen, noch warm die Zutaten daruntermischen, zum Schluß das Mehl. Das Triebmittel, also Pottasche und Hirschhornsalz, in dem Kirschwasser auflösen und hinzufügen. Den Teig über Nacht stehen lassen. Am anderen Morgen auf die Oblaten verteilen, je Stück ca. 40 g. Eine Stunde trocknen lassen und dann bei 250° 25—35 Minuten backen. Noch warm mit Zuckerguß bestreichen.

Zimtsterne

Für Weihnachten

Zutaten: 9 Eiweiß, 500 g Puderzucker, Saft einer Zitrone, 30 g Zimt, 500 g Mandeln, ungeschält, gemahlen, 125 g Zucker zum Auswellen.

Zubereitung: Eiweiß zu festem Schnee schlagen, den Zucker darunterziehen. Von dieser Masse ca. 10 Eßlöffel wegnehmen. Nun in den restlichen Teil des Schnees die anderen Zutaten mischen und 20 Minuten stehen lassen, damit die Mandeln gut aufweichen können. Von der Masse immer kleine Teile auf dem überzuckerten Brett 1 cm dick ausrollen, Sterne ausstechen und aufs Blech setzen, das gut gewachst und gemehlt sein muß. 2 Stunden lang abtrocknen lassen, dann die zurückgelassene Eiweißmasse in einen Spritzbeutel mit kleiner Lochtülle füllen und dünn und kreuzweise auf die Zimtsterne spritzen. Das Gebäck kann auch einfach mit dem Guß bestrichen werden. Die Zimtsterne bei 180°C ca. 20 Minuten backen. Der Guß soll ganz blaß bleiben.

Springerle

Zutaten: 4 Eier, 500 g Puderzucker, 1 Prise Hirsch-hornsalz, 500 g Mehl, vom besten, 2 Eßl. Anis, 1 Zitronenschalenabgeriebenes, 1 Likörglas Kirsch-wasser.

Zubereitung: Eier und Zucker 1 Stunde schaumig rühren, das Triebmittel dazugeben und nach und nach das feingesiebte Mehl hineinregnen lassen. Dann kommt das Gewürz dazu, und nun wird der Teig auf dem Brett fertiggewirkt. 2 Stunden ruhen lassen. Die Model mit einem kleinen mehlgefüllten Mullsäckchen gut ausstauben. Den Teig etwa 1 cm dick ausrollen, in Größe des Models beschneiden, darauflegen und mit dem bemehlten Handballen fest hineindrücken, damit die Formen scharf heraus-kommen. Dann die einzelnen Stücke sauber abschneiden und auf das gefettete, dünn mit Anis bestreute Blech legen. Nun läßt man sie 24 Stunden in der warmen Küche ruhen. Danach bei 180°C ganz langsam backen. Sie dürfen unten zart goldgelb werden und müssen oben weiß bleiben und ein gleichmäßiges Füßchen bekommen. Das ist ein Prüfstein und Ehrenpunkt.

Bitte nie mehr als 1 kg Teig anmachen, weil er sonst während der Verarbeitung zu rasch trocknet.

Die Springerle müssen mindestens 4 Wochen kühl und nicht zu trocken lagern, damit sie schön zart und mürbe werden.

Wolfgangs Lieblingstorte - er ißt sie sehr allein!

Schwarzwälder Kirschtorte

Zutaten: Tortenboden: 4 Eigelb, 50 g Zucker, 1 Zi-tronenschalenabgeriebenes, 4 Eiweiß, 50 g Zucker, 60 g Mehl, 40 g zerlassene Butter, 20 g Kakao.
Zum Beträufeln:
2 Gläschen Schladerer Schwarzwälder Kirschwas-ser.
Kirschfüllung:
500 g Sauerkirschen, entsteint (12 Kirschen zurück-lassen zur Garnitur), 250 g Zucker, 3 Eßl. Stärke-puder, angerührt mit 5 Eßl. Kirschsaft.

Zubereitung: Zum Tortenboden Eigelb und Zucker schaumig rühren und die abgeriebene Zitronenschale darunterrühren. Eiweiß mit den 50 g Zucker zu festem Schnee schlagen und das mit Kakao vermischte Mehl darunterheben. Die zerlassene, nur lauwarme Butter darunterrühren und alles unter die schaumige Eigelbmasse heben. Masse in einen gebutterten, mit Mehl bestäubten Tortenring von 30 cm Durchmesser füllen und bei 200°C ca. 20 Minuten backen. Erkalten lassen und den Boden quer in 3 gleichmäßige Teile zerschneiden.

Zur Kirschfüllung die Sauerkirschen mit Zucker aufkochen und mit angerührtem Stärkepuder binden. Einmal aufkochen und kaltstellen.

Zusammensetzung der Torte:
Auf einen Boden die kalten, gebundenen Kirschen verteilen und glattstreichen. Den zweiten Boden darauf legen und mit Kirschwasser tränken. Einen Teil der Schlagsahne darauf verteilen und den dritten Boden darüberdecken. Mit Kirschwasser tränken. Nun die Torte oben und an den Rändern mit Schlagsahne gleichmäßig einstreichen und mit Schokoladenspänen bestreuen. 12 Sahnetupfen auf die Torte spritzen und jeden mit 1 Kirsche schmücken.

Die Torte 2 Stunden im Kühlschrank kühlen und dann, wie gewohnt, aufschneiden.

Apfeltorte

Zutaten: 500 g Äpfel, geschält, entkernt, in fingerdicke Scheiben geschnitten, 50 g Rosinen, 1 Zitronenschalenabgeriebenes, 1 Teel. Zimtpulver.
Guß:
¹/₈ l süße Sahne, 100 g Puderzucker, 50 g Mehl, 3 Eier.

Zubereitung: Auf den Teig die Apfelscheiben legen, etwas zukkern und mit Zitronenschale und Zimt bestreuen. Die Rosinen darauf verteilen.

Zum Guß in der Sahne das Mehl mit einem kleinen Schneebesen verrühren, Zucker beifügen und die Eier darin glatt schlagen. Den Kuchen im heißen Backofen bei 200°C etwa 10 Minuten backen, erst dann den Guß gleichmäßig darauf verteilen und noch 30 Minuten backen. Auf die kalte Torte Puderzucker streuen.

Auf diese Weise kann man fast alle Obstsorten in Torten verzaubern.

Gutzeli

Zutaten: 500 g Mehl, 250 g Butter oder Margarine, küchenwarm, 125 g Zucker, 2 Päckchen Vanillinzucker, 2 Eier, 1 Zitronenschalenabgeriebenes.

Zubereitung: Die Zutaten wie bei den »Hildabrötle« zu einem Teig mengen und 1 Stunde ruhen lassen. Dann den Teig messerrückendick ausrollen und mit verschiedenen Formen ausstechen: Vögel, Kleeblätter, Sterne, Halbmonde usw. Die Plätzchen auf ein gefettetes Blech setzen und bei 200°C ca. 10 Minuten bakken. Dann mit Puderzucker bestreuen oder mit Zuckerguß glasieren.

Hildabrötchen Mal probieren.

Zutaten: 375 g Butter, 3 Eier, 1 Prise Salz, 1 Zitronenschalenabgeriebenes von unbehandelter Zitrone, 375 g Zucker, 500 g Mehl.

Zubereitung: Butter schaumig rühren, Eier, Salz, Zitronenschalenabgeriebenes und das Mehl dazugeben. Den Teig auf dem Nudelbrett fertig kneten, dann halb-bleistiftdick ausrollen und mit gezacktem Rundausstecher, Durchmesser 10 cm, ausstechen. Bei der Hälfte davon mit einem kleinen runden Ausstecher noch 3 Löcher ausstechen, Durchmesser 1,5 cm. Die Plätzchen auf gefettete und gemehlte Backbleche setzen und bei 200°C ca. 10 Minuten backen. Kalt bestreicht man die heilen Plätzchen mit heißer Marmelade und setzt darauf die anderen mit den 3 Löchern, dick mit Puderzucker bestreut.

Änesbreedle

Anisplätzle

Zutaten: 4 Eier, 250 g Puderzucker, 2 Päckchen Vanillinzucker, 1 Prise Salz, 1–2 Eßl. Anis, 300 g Mehl.

Zubereitung: Eiweiß steif schlagen, Eigelb mit Zucker rühren und in den Schnee mischen. Gewürze mit Mehl vermengen und unter die Schaummasse ziehen. Die Masse in einen Spritzbeutel mit Lochtülle füllen, auf gut gefettete Bleche kleine Punkte spritzen und über Nacht trocknen lassen, bis sich die Plätzle schieben lassen. Bei 180°C ca. 20–25 Minuten backen. Das Gebäck soll weiß bleiben.

Ich hab immer Klümchen.

Zuckerguß oder Zitronenglasur

Zutaten: 200 g Puderzucker, klümpchenfrei, 2 Eßl. Zitronensaft, 2 Eßl. heißes Wasser, besser noch heiße Milch, der Guß wird weißer und glänzt besser.

Zubereitung: Mit einem kleinen Holzlöffel, später mit einem kleinen Schneebesen die Masse 5–10 Minuten rühren. Um zu decken, darf der Guß nicht zu dünn sein; bitte vorher auf einem Gebäckstück eine kleine Probe machen.

Notizen & weitere Rezepte:

Echte Basler Leckerli

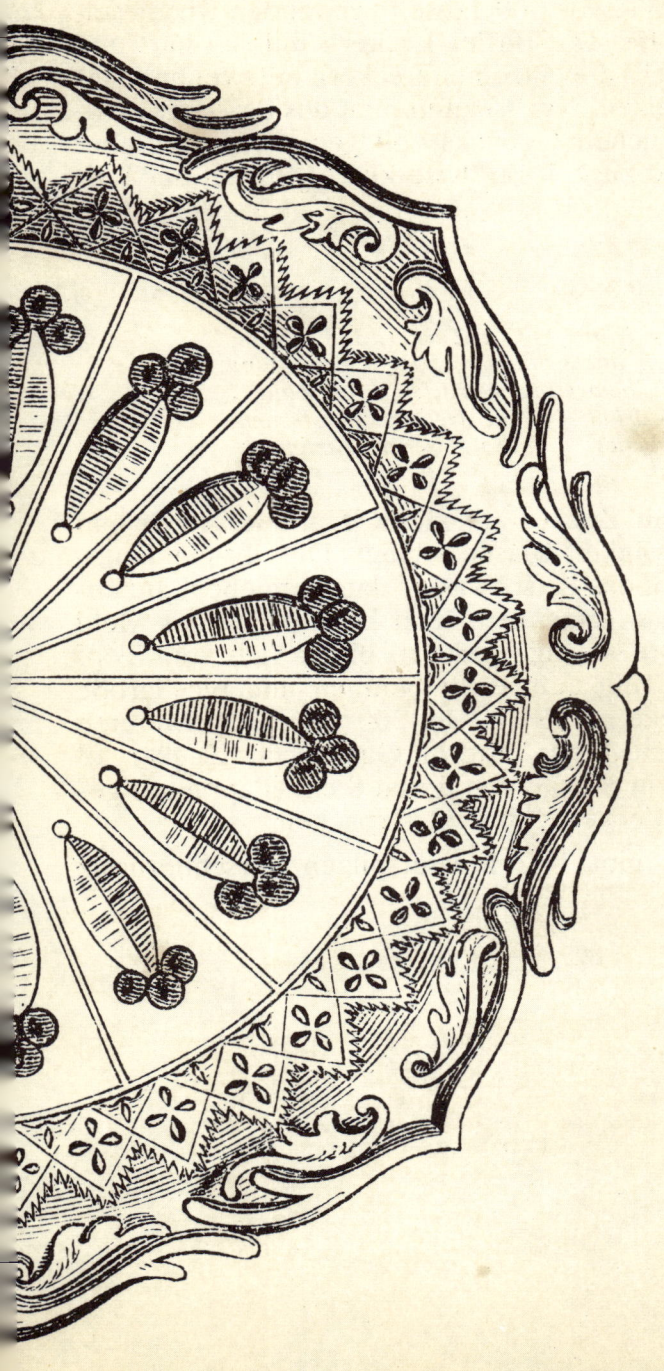

Seit dem 14. Jahrhundert wird hier in Basel diese Biskuit-Spezialität hergestellt. Seit einer Zeit also, da man in Europa den Zucker noch nicht kannte. Dazumal brauchten unsere findigen Vorfahren Bienenhonig und süßten das Gebäck auf diese Weise. Vieles hat sich inzwischen geändert, – doch das wohlbehütete Rezept ist geblieben. Wie vor 600 Jahren verwenden wir dieselben köstlichen Rohstoffe. Die Basler Leckerli müssen hart und knusprig sein. Man bricht die einzelnen Leckerli entzwei und läßt diese im Munde schmelzen. Nur so kann man das herrliche Aroma dieses unvergleichlichen Gebäcks voll genießen. Wer aber weichere Leckerli bevorzugt, lasse diese kurze Zeit an der Luft stehen.

Basler Leckerli

Zutaten: 750 g Honig, 375 g Zucker, 375 g Mandeln, abgezogen und gemahlen, 50 g Zitronat und 50 g Orangeat, beides fein gewürfelt, 20 g Zimt, 1 große Prise Muskat, 1 Prise Nelken, 1 Zitronenschalenabgeriebenes, 1 Likörgläschen Kirschwasser, 850 g Mehl.

Zubereitung: Honig mit Zucker auf kleine Flamme setzen und erwärmen, bis die Flüssigkeit Blasen schlägt. Die übrigen Zutaten langsam dazugeben, das Kirschwasser darübergießen, anzünden und dabei alles gut vermengen. Jetzt kommt erst das Mehl darunter. Der Teig wird solange gerührt, bis er sich vom Topf löst. Erkalten lassen, Teig aufs Brett nehmen und blechgroße Platten von 5 mm Dicke ausrollen. Bei 200° C ca. 30 Minuten backen. Diese gebackene Platte wird im Ganzen mit Zuckerguß glasiert und noch heiß in Stücke von 5 mal 8 cm (Pappmaß) geschnitten. Die fertigen Leckerli luftdicht verpacken.

Wer sie luftiger mag, gibt 1–2 Messerspitzen Hirschhornsalz oder Pottasche dazu.

viel Arbeit!

Bühler Zwetschgenkuchen

Zutaten (für ein normales Backblech): 2,5 kg Bühler Zwetschgen, Hefeteig, 500 g Mehl, 1 Prise Salz, 100 g Zucker, ¼ l lauwarme Milch, 50 g Butter, lauwarm, flüssig, 20 g Hefe.

Zubereitung: Mehl in einer Tonschüssel in der Mitte zum Brunnen formen, Hefe mit 1 Prise Zucker und 5 Eßl. lauwarmer Milch zum Vorteig (Hefel) rühren. Zugedeckt stehen lassen, bis er überquillt. Butter an den Rand der Schüssel gießen, Zucker und Salz dazustreuen und die lauwarme Milch darübergießen. Vom Hefel aus den Teig zusammenkneten und solange schlagen, bis er sich von der Schüssel löst und Blasen wirft. Teig zusammenkneten, Schüssel leicht mehlen und den Teig hineinlegen. Zugedeckt stehen lassen, bis er sich verdoppelt hat. Auf einem leicht gemehlten Backbrett den Teig zusammenschlagen und in Blechgröße gleichmäßig dünn ausrollen. Erst zur Hälfte, dann zum Viertel zusammenschlagen und auf das gefettete Blech legen. Erst das Viertel aufklappen, dann die Hälfte auf die freie Blechseite klappen, so daß der Teig gleichmäßig dünn über das ganze Blech verteilt ist. Bitte ein Backblech nehmen, wo eine schmale Seite offen ist, dann läßt sich der fertig gebackene Kuchen leicht vom Blech auf ein Brett schieben. Zusammengelegte Alufolie an die offene Seite als Schiene vor den Teig stellen, damit der Saft nicht in den Backofen laufen kann.

Schneckennudeln

Aufgegangenen Hefenteig – s. Hefenteig von Bühler Zwetschgenkuchen – zusammenkneten und auf dem wenig gemehlten Nudelbrett bleistiftdick ausrollen. Mit zerlassener Butter bestreichen, Zucker und Korinthen darüberstreuen und mit dem Backrädchen 5 cm breite und 15 cm lange Streifen rädeln. Jeden Streifen aufrollen und auf ein gefettetes Backblech setzen. Nochmals gehen lassen. Mit aufgeschlagenem Ei bestreichen und bei 220° C ca. 15 Minuten backen. Nach dem Backen mit Zuckerglasur bestreichen oder mit Zucker bestreuen.

Zwischen Teig und Früchten

Auf den Teig 250 g Semmelbrösel streuen, damit der Zwetschgensaft nicht in den Teig sickern kann. Dann die entsteinten, längs eingeschnittenen Zwetschgen sorgfältig auf den Teig stellen, damit möglichst viele darauf gehen. Den belegten Teig in den vorgeheizten Backofen auf Mittelschiene schieben und bei 250° C ca. 35 Minuten backen.

Erst den fertigen Kuchen mit Zimtzucker bestreuen, weil die Früchte, vorher gezuckert, zuviel Saft ziehen würden.

Den fertigen Kuchen sofort auf ein Brett schieben. Wenn nämlich Zwetschgensaft mit Blech in Berührung kommt, fängt der Kuchen an zu blecheln und schmeckt dann nicht mehr gut.

Süß-ks müssen sie morgen!

Dampfnudeln

Zutaten: 750 g Mehl, 60 g Hefe, 2 Eßl. Zucker, 100 g zerlassene Butter, 3 Eier, 1 Prise Salz, 5 Eßl. Zucker, 1/8 l lauwarme Milch.

Zubereitung: In dem küchenwarmen Mehl in einer Tonschüssel ein Loch formen und mit etwas lauwarmer Milch, Zucker und Hefe den glatten Vorteig rühren. Mit Mehl bestreuen und zugedeckt gehen lassen. Dann die Eier, Salz, Zucker und Butter darunterkneten und den Teig so lange schlagen, bis er sich von der Schüssel löst und glatt ist. Leicht mit Mehl bestäuben und zugedeckt aufgehen lassen. Dann den Teig auf gemehltem Brett zusammenschlagen und daumendicke, runde Scheiben mit einem Weinglas von 5–8 cm Durchmesser ausstechen und nochmals aufgehen lassen.

Inzwischen in einer eisernen Bratpfanne 1/4 l Milch mit 20 g Butter und 2 Eßl. Zucker kochen, die aufgegangenen Teigstücke hineinsetzen, zudecken und sachte auf mildem Feuer backen, bis sie krachen.

Klosterlaib-Rezept

Zutaten: 5 Eier, 250 g Zucker, 125 g gemahlene, ungeschälte Mandeln, 100 g gemahlene, ungeschälte Haselnüsse, 125 g Sultanen, gewaschen und abgetrocknet, 1 Teel. Zimtpulver, 125 g Orangeat und Zitronat, beides fein gehackt, 60 g Mehl.

Zubereitung: Eier und Zucker schaumig rühren, ca. 30 Minuten lang, dann Mandeln, Haselnüsse, Sultaninen, Zimt, Orangeat und Zitronat dazumischen. Alles gut verrühren, das Mehl darüberstreuen und vermengen. Teig in eine Sandkuchenform, gebuttert und mit Weckmehl ausgestreut, füllen und bei 220° C ca. 50 Minuten backen. Bitte Hölzchenprobe machen: Wenn noch flüssiger Teig in der Mitte am Stäbchen ist, dann die Backzeit um 10 Minuten verlängern, aber Hitze bereits ausschalten.

Gugelhopf

Zutaten: 750 g Weizenmehl.
Zum Vorteig: 50 g Hefe, 1 Eßl. Zucker, 5 Eßl. lauwarme Milch, 125 g zerlassene Butter, 150 g Zucker, 5 Eier, 1 Prise Salz, $^1/_8$ l lauwarme Milch, 50 g gewaschene Sultaninen.

Zubereitung: In das küchenwarme Mehl in einer Tonschüssel ein Loch drücken und hier mit Hefe, Zucker und Milch den glatten Vorteig anrühren. Mit Mehl bestreuen und zugedeckt gehen lassen. Wenn der Vorteig sich in etwa 10 Minuten um das Dreifache vergrößert hat, den Zucker, die Eier, das Salz und die Butter, ringsherum gegossen, in den Teig kneten und den Teig schlagen, bis er Blasen bildet. Sollte noch Milch nötig sein, etwas lauwarme Milch dazugießen. Zum Schluß die Sultaninen hineinkneten. Den Teig in eine gebutterte, mit Weckmehl ausgestreute irdene Gugelhopfform füllen und bei 220° C ca. 70 Minuten backen. Den fertigen Gugelhopf auf ein rundes Brett stürzen und dick mit Puderzucker bestreuen.

Badenweiler Brezeln

Zutaten: 750 g Mehl, 250 g Zucker, 250 g Butter oder Margarine, 100 g ungeschälte, gemahlene Mandeln, 1 Prise Zimtpulver, 3 Eier, mit 6 Eßl. Kirschwasser vermengt, 2 Eigelb, glatt geschlagen, zum Bestreichen, 100 g groben Zucker (Hagelzukker) zum Bestreuen.

Zubereitung: Auf dem Backbrett Mehl zum Brunnen formen, die Zutaten hineingeben und alles zu einem Teig vermengen und 30 Minuten ruhen lassen. Teig zu einer dicken Rolle formen, kleinfingerdicke Scheiben abschneiden, 15 cm lang ausrollen und zur Brezel formen. Die Brezeln mit Eigelb bestreichen, mit Hagelzucker bestreuen und bei 200° C ca. 10 Minuten backen.

Notizen & weitere Rezepte:

fig · 17

Getränke

Na, dann Prost-zum Wohlen-Gesundheit!

Pfirsichbowle

*Zutaten (für 4–6 Personen): 8 frische Pfirsiche,
4 Eßl. Puderzucker (löst sich rascher auf als Sand-
zucker), 1 Flasche Weißwein, 1 Flasche Sekt.*

Zubereitung: Pfirsiche enthäuten, entsteinen und in dünne
Scheiben schneiden und mit Zucker bestreuen.

In die Bowlenschüssel, die in gehacktem Roheis stehen sollte,
die eingezuckerten Pfirsiche geben und den Weißwein darübergießen. Zugedeckt 2 Stunden ziehen lassen und erst vor dem
Einschenken den Sekt hineinsprudeln lassen.

Es kann auch ½ Flasche Rotwein zugefügt werden, besonders
dann, wenn es sich um Blutpfirsiche handelt.

Nach dem erfrischenden und belebenden Genuß einer Pfirsichbowle kam ein lebenslustiger Studienrat, der als Hauptfach die
deutsche Sprache pflegte, auf folgende kleine Betrachtung:

> Ich trinke für mich Bowle,
> Du trinkst für Dich Bowle,
> Er trinkt Pfir-sich-Bowle!

Darauf sollten auch wir einen kräftigen Schluck trinken, auf
diesen studienrätlichen Poeten mit der Pfirsichbowle!

Erdbeersaft (kalter Weg)

*Zutaten: 1 kg Erdbeeren, gewaschen, entstielt, 7 g
kristallisierte Zitronensäure, ¼ l Wasser, Zucker.*

Zubereitung: Erdbeeren in einer Steingut- oder Edelstahlschüs-
sel mit einem Holzstampfer zerdrücken, dann mit Schneebesen
schlagen. Zitronensäure im Wasser lösen und zufügen. Die
Schüssel zudecken, kaltstellen, ab und zu rühren. Nach 24 Stunden das Erdbeermus auf ein Tuch gießen, welches über einer
Schüssel hängt, und den Saft abtropfen lassen. Den Saft abmessen, auf 1 l 1 kg Zucker nehmen und 45 Minuten rühren. Ist der
Zucker in dem Saft aufgelöst, 24 Stunden ruhen lassen und dann

in Flaschen füllen. Mit tadellosen Korken oder Mulläppchen verschließen.

Auf diese Weise behält der Erdbeersaft, aber auch jeder andere Saft, seinen Fruchtgeschmack.

Saure Schorle

Ein Viertel-Liter-Glas dreiviertel voll mit herbem, kühlem, weißem Wein füllen und mit kühlem Mineralwasser auffüllen. Eine geschälte Scheibe Zitrone darauf legen.

Schwarzwälder Kaffee

Das ist was für Ingrid

Auf dem Kaffeetisch steht guter, heißer Kaffee mit Sahne und Zucker und in einem Korbfläschle Schwarzwälder Kirschwasser.

Man gießt sich in den schwarzen Kaffee einen tüchtigen Schluck Kirschwasser und gibt dann erst Zucker und *Sahne* dazu, je nach Geschmack.

Freilich mag mancher auch gern einen Himbeer- oder Mirabellengeist.

Kirschsaft, durch Erhitzen im heißen Wasserbad

Kirschen waschen, entstielen, entkernen, in einen Topf schütten und zudecken. Dann in einen größeren Topf, der mit kochendem Wasser gefüllt ist, stellen. Wenn sich genügend Saft gebildet hat, die Früchte auf ein Tuch geben, das über eine Schüssel gespannt ist, und abtropfen lassen. Den Saft abmessen: auf 1 l Saft von süßen Kirschen 500 g Zucker rechnen und mit dem Zucker 10 Minuten kochen. Abschäumen, heiß in Flaschen füllen, die zuvor mit heißem Wasser angewärmt wurden. Mit heißen Gummikappen oder ausgekochten Korken verschließen.

Restliches Fruchtfleisch gezuckert als Kompott verwerten.

Erdbeersaft und Himbeersaft sind auf dieselbe Weise zu gewinnen. Auf 1 l Erdbeersaft 500 g Zucker, auf 1 l Himbeersaft 400 g Zucker rechnen.

Heißer Punsch mit Schwarzwälder Kirschwasser

Zutaten (für 8 Personen): 100 g Zucker, 4 Zitronenscheiben, in jede 2 Nelken gesteckt, 1/4 l Traubensaft, 1/2 Stange Zimt, 2 Flaschen Sylvaner, 1/2 Flasche Arrak, 1/8 l Schwarzwälder Kirschwasser.

Zubereitung: Zucker mit Zitronenscheiben, Traubensaft und Zimtstange 10 Minuten kochen. Sylvaner und Arrak dazugießen, erhitzen, bis sich weißer Schaum bildet, und dann das Schwarzwälder Kirschwasser zufügen.

Schmeckt umso besser je kälter es draußen ist!

Glühwein

Zutaten: 1/8 l Wasser, 1 Zitronenschalenspirale – 1 Orangenschalenspirale, 3 Nelken – 1 Stange Zimt, 1 l Affentaler Rotwein, 6 Eßl. Zucker.

Zubereitung: Wasser mit Zitronen- und Orangenschale, mit Nelken und Stangenzimt zu einer Gewürzessenz kochen. Den Wein zugießen, Zucker beifügen und alles langsam erhitzen. Wenn sich weiße Schaumkrönchen bilden, ist der Glühwein fertig. Durch ein Teesieb in Gläser füllen.

Weinberg-Pfirsichbowle

Zutaten: 25 Weinbergpfirsiche, geschält (in heißes Wasser tauchen, kalt abschrecken und schälen), 500 g Zucker, 6 Flaschen Riesling, 1 Flasche Sekt.

Zubereitung: Die geschälten Pfirsiche entkernen und in dünne Scheibchen schneiden. Zucker darüberstreuen und 1 Flasche Riesling daraufgießen. Zugedeckt 1 Stunde ziehen lassen. Dann umrühren, den übrigen Wein dazugießen und zum Schluß, vor dem Einschenken, die Flasche Sekt hineinsprudeln lassen.

Erdbeersekt

In einem Sektkelch 2–3 halbe Erdbeeren geben und kühlen Sekt darübergießen.

Rasche Erdbeerbowle

In ein Viertel-Liter-Glas 5 halbe Erdbeeren und ½ Eßl. Zucker geben. Halb mit kühlem Riesling und dann mit Sekt auffüllen.

Notizen & weitere Rezepte:

Notizen & weitere Rezepte:

Die Gaumen sind gar sehr verschieden,
Und allen recht thun ist gar schwer,
Denn was den einen stellt zufrieden,
Darüber schimpft ein andrer sehr.

Inhalt

Suppen

Geröstete Grießsuppe	12
Geröstete Brotsuppe	12
Permadensuppe	12
Hühnersuppe	12
Reissuppe	13
Grünkernsuppe	13
Kartoffelsuppe	14
Durchgetriebene Gemüsesuppe	14

Suppeneinlagen

Grießklößchen	18
Biskuitsuppe	18
Flädchensuppe	18
Nudelsuppe mit selbstgemachten Nudeln	19
Markklößchen	19
Eierstich	19
Leberklößchen	20
Falsche Erbsensuppe	20
Riebele oder Eiergerste	20
Brätknödel	21
Hochzeitssuppe mit Kalbfleischklößchen	21

Vesper – Z'nüni Z'vieri

Sulz (Kutteln)	24
Saure Leberle	24
Geröstete Leber ohne Sauce	24
Saure Nierle	24
Wurstsalat	25
Kalte gefüllte Eier	25
Heringe in Rahmsauce	25
Gervais	26
Liptauer	26

Bibeliskäs 26
Renchtaler Frischkäse 27
Zieger-Käse 27

Fisch

Forelle „Schöne Müllerin" 30
Schwarzwälder Bachforelle blau 30
Bodenseefelchen „Müllerin" 31
Rheinaal blau im Wurzelsud 32
Hecht in Dillsauce 32
Hechtfilets in Rahm 33
Froschschenkel provencial 33
Froschschenkel „im Höschen" 33
Froschschenkel in Rahmsauce 34
Heringskartoffeln 34
Weinbergschnecken 35

Fleischgerichte

Briesle in zerlassener Butter 38
Kalbsbraten 38
Hammelkoteletts „Nelson" 39
Sauerbraten 39
Schweinebraten 40
Leberknödel 40
Gespickter Rinderbraten 41
Eingemachtes Kalbfleisch 42
Kalbsbrust gefüllt 42
Verdeckte Schüssel 43
Gekochtes Ochsenfleisch 43
Meerrettichsauce 45
Schinkenklöße 45

Wild, Geflügel

Gefüllte junge Täubchen 48
Rebhuhn in Rahmsauce 48
Gänsebraten 49
Gänsebraten mit Kartoffelfüllung 50
Wildschweinkeule in Sahne 50
Rehrücken in Rahmsauce 51
Hasenpastete in der Terrine 52
Junger Fasan 53
Frischlingsrücken 53

Eintöpfe

Gemüsesuppe 58
Weiße Bohnen mit Fasan 58
Erbsen mit Speck 59
Linseneintopf 59
Irish-Stew 60
Schinkenmakkaroni 60

Salate

Wurzelsalat 64
Spargelsalat 64
Salat von roten Rüben 64
Gelbe-Rüben-Salat 65
Krautsalat mit Speck und Zwiebeln 65
Weißkohlsalat 65
Rotkohlsalat 66
Selleriesalat 66
Blumenkohlsalat 66
Weißer Bohnensalat 67
Gurkensalat mit saurer Dillsauce 67
Gurkensalat mit Borretsch 67
Kopfsalatsauce 67

Sonnenwirbele – Ackersalat 68
Löwenzahnsalat (Saustude) 68
Kartoffelsalat 68

Nudeln, Gemüse, Beilagen

Maultaschen 72
Spätzle 72
Gebackener Blumenkohl 73
Spinatpudding 73
Feine Kartoffelklöße 74
Weiße Rüben 74
Weiße Rüben mit Speck 74
Bayerische Klöße 74
Frische Pfifferlinge 75
Sauerkraut 75
Rotkraut mit Maronen 76
Spargel 76
Sauce Hollandaise 76
Kratzete 77
Champignons, in Butter gedünstet 77

Kompotte, eingelegte, eingekochte Früchte

Heidelbeer-Kompott 80
Brombeer-Kompott 80
Ganze Erdbeeren, eingemacht 80
Zwetschgen, eingemacht 80
Obst in Dampf 80
Himbeerschaum von frischen Himbeeren 81
Zucker-Essig-Gurken 81
Süßsaure Birnen 81
Süßsaurer Kürbis 82
Pflaumen in Essig und Zucker 82

Leckerbissen aus der Schweiz

Rösti   86
Basler Käseschnitten   86
Neuenburger Käsefondue   86
Rheinsalm   87
Geschnetzeltes Kalbfleisch   87
Basler Lümmeli (Rindsfilet)   88

Leckerbissen aus dem Elsass

Forelle in Riesling   92
Garniertes Sauerkraut   92
Quiche Lorraine   93
Cervelatwurst-Salat   94
Münster-Käs   94
Straßburger Zwiebelsuppe   94
Elsässer Kartoffelsuppe   95
Schneckensuppe   95
Elsässer Rahmbrotsuppe   95
Kutteln „Elsässer Art"   96
Straßburger Gänseleber in der Terrine   96
Hahn in Riesling   97
Straßburger Backeofe   98
Makkaroni oder Nudeln „Elsässer Art"   98
Nudeln wie in Straßburg   98
Spargel im Elsass   99

Marmeladen – Gelees

Quittengelee   104
Kürbismarmelade   104
Holunderbeermarmelade   105
Zwetschgenmarmelade   105
Stachelbeermarmelade aus unreifen, grünen Beeren   105
Sauerkirschmarmelade   105
Erdbeermarmelade ohne Kochen, kalt gerührt   106
Hagebuttenkonfitüre   106

Desserts

Apfelkrapfen   110
Schwarzwälder Kirschwasserauflauf (Soufflee)   110
Omelettes   111
Omelettes mit Konfitüre   111
Erdbeercreme   111
Schokoladenbutter   112
Apfelschnee   112
Zimtwaffeln   112
Apfelkratzete   112
Apfelstrudel   113

Kuchen – Gebäck

Basler Lebkuchen   118
Zimtsterne   118
Springerle   119
Schwarzwälder Kirschtorte   119
Apfeltorte   120
Gutzeli   121
Hildabrötchen   121
Änesbreedle (Anisplätzle)   122
Zuckerguß oder Zitronenglasur   122

Echte Basler Leckerli

Basler Leckerli   126
Bühler Zwetschgenkuchen   127
Schneckennudeln   127
Dampfnudeln   128
Klosterlaib-Rezept   129
Gugelhopf   129
Badenweiler Brezeln   130

Getränke

Pfirsichbowle   134
Erdbeersaft (kalter Weg)   134
Saure Schorle   135
Schwarzwälder Kaffee   135
Kirschsaft   135
Heißer Punsch mit Schwarzwälder Kirschwasser   136
Glühwein   136
Weinberg-Pfirsichbowle   136
Erdbeersekt   137
Rasche Erdbeerbowle   137

Notizen & weitere Rezepte:

Liebe Leserin, lieber Leser,

ich hoffe, Sie sind mit unserem Buch zufrieden und kochen auch fleißig nach unseren Rezepten. Ich habe es schon oft gesagt und oft geschrieben: nach der Erstellung eines solchen Kochbuches sitzt man mit dem Autor, mit Mitarbeitern und Freunden zusammen und denkt darüber nach, was man vergessen hat, was vielleicht sogar falsch ist und was man noch besser hätte machen können. Mal ganz abgesehen von all den Druckfehlern, die sich bei einer Auflage einschleichen.

Seien Sie uns deshalb bitte nicht bei jedem der von Ihnen entdeckten Fehler böse, sondern wir bitten Sie, uns zu helfen, indem Sie uns schreiben. Und sparen Sie auch nicht mit Kritik, Tips und weiteren Anregungen.

An dieser Stelle bedanke ich mich recht herzlich beim Autor Hans Karl Adam, der vielen als Fernsehkoch und Gastronom seines Hotels „Zum Schlüssel" im reizenden Rothenburg o. d. Tauber bekannt sein dürfte. Er hat nicht nur die typische Hausmannskost aufgeschrieben, sondern auch den Leuten im wahrsten Sinne des Wortes auf den Mund geschaut. Als absoluter Kenner der Landschaft gilt Dr. Büche aus Freiburg. Gerade durch die gute Zusammenarbeit beider Kenner der Landschaft und Feinschmecker konnte dieses Werk entstehen. Hier nochmals unseren herzlichen Dank.

Herr Biehler aus Freiburg, Herr Rudat und Antje Vogel-Steinrötter sind die weiteren Köche, die diesen Brei hoffentlich nicht verdorben haben und natürlich die zahlreichen Mitarbeiter der Druckerei Cramer in Greven.

P. S.: Wenn Sie sich für weitere Bücher aus unserem Verlag interessieren, schreiben Sie uns oder fragen Sie Ihren Buchhändler. Wenn Ihnen das vorliegende Buch gefällt, so werden Ihnen sicher auch die nachfolgenden Titel zusagen. Eine kleine Überraschung haben wir noch für Sie, Sie können bei uns eine Schürze aus dem Umschlagstoff dieses Buches, aber auch aller anderen Titel unseres Verlages bestellen. Besonders zum Verschenken und Selberschenken, zum Preis von DM 18,–. Sie wird Ihnen bestimmt gefallen!

In unserem Verlag sind erschienen:

151